氢能与燃料电池产业应用

氢燃料电池汽车
检测与维修技术

山东氢谷新能源技术研究院
上海燃料电池汽车商业化促进中心　　组编
　　缪文泉　裴冯来　主编

机 械 工 业 出 版 社

本书主要阐述氢燃料电池汽车及部件的基础知识、检测与维修方法及实训技能，共分 12 章，主要内容包括氢燃料电池汽车基础、氢燃料电池汽车动力系统总成基础、氢燃料电池汽车检测标准及测试装备、氢燃料电池系统故障检测与维修、氢燃料电池堆故障检测与维修、空气供应系统故障检测与维修、高压储氢系统故障检测与维修、氢气供应系统故障检测与维修、水热管理系统故障检测与维修、氢燃料电池汽车控制系统故障检测与维修、氢燃料电池汽车传动桥故障检测与维修、氢燃料电池汽车保养与维护。

读者通过学习掌握氢燃料电池汽车构成及主要部件的故障检测和维修知识，能够具备检测和维修氢燃料电池汽车典型常见故障的能力。

本书适用于从事氢燃料电池汽车维修、保养工作的工程技术人员，也可供相关专业高校师生阅读参考。

图书在版编目（CIP）数据

氢燃料电池汽车检测与维修技术／山东氢谷新能源技术研究院，上海燃料电池汽车商业化促进中心组编；缪文泉，裴冯来主编. -- 北京：机械工业出版社，2025.3. --（氢能与燃料电池产业应用人才培养丛书）.
ISBN 978-7-111-77957-5

Ⅰ. U469.72

中国国家版本馆 CIP 数据核字第 2025J74P81 号

机械工业出版社（北京市百万庄大街 22 号　邮政编码 100037）

策划编辑：舒　恬　　　　　　责任编辑：舒　恬　徐　霆
责任校对：王荣庆　李小宝　　封面设计：王　旭
责任印制：邓　博
北京中科印刷有限公司印刷
2025 年 7 月第 1 版第 1 次印刷
184mm×260mm·12 印张·284 千字
标准书号：ISBN 978-7-111-77957-5
定价：69.90 元

电话服务　　　　　　　　　网络服务
客服电话：010-88361066　　机　工　官　网：www.cmpbook.com
　　　　　010-88379833　　机　工　官　博：weibo.com/cmp1952
　　　　　010-68326294　　金　书　网：www.golden-book.com
封底无防伪标均为盗版　　机工教育服务网：www.cmpedu.com

编写委员会

当今世界正经历百年未有之大变局，新一轮科技革命和产业变革同我国经济高质量发展要求形成历史性交汇。以燃料电池为代表的氢能开发利用技术取得重大突破，为实现零排放的能源利用提供了重要解决方案，因此，我们需要牢牢把握全球能源变革发展大势和机遇，加快培育发展氢能产业，加速推进我国能源清洁低碳转型。

国际上，全球主要发达国家高度重视氢能产业发展，氢能已成为加快能源转型升级、培育经济新增长点的重要战略选择。全球氢能全产业链关键核心技术趋于成熟，燃料电池出货量快速增长、成本持续下降，氢能基础设施建设明显提速，区域性氢能供应网络正在形成。

"双碳"目标的提出，为我国经济社会实现低碳转型指明了方向，也对能源、工业、交通、建筑等高排放领域提出了更高的标准、更严格的要求。氢是未来新型能源体系的关键储能介质，是推动钢铁等工业领域脱碳的重要原料，是重型货车、船舶、航空等交通领域低碳转型最具潜力的路径，也是零碳建筑、零碳社区建设的必要组成。可以说，氢能的发展关系着碳达峰、碳中和目标的实现，也是推动我国经济持续高质量发展的战略性新兴产业、朝阳产业。

过去三年，我国氢能产业在政策的指引及支持下快速发展。氢从看不见的气体，渐渐融入看得见的生活：氢燃料客车往来穿梭在北京冬奥会、冬残奥会的场馆与赛区之间，一座座加氢站在陆地乃至海上建成，以氢为燃料的渣土车、运输车、环卫车在各地投入使用，氢能乘用车、氢能自行车投入量产，氢动力船舶开始建造，氢能飞行器开启了人们对氢能飞机的想象。2022 年 3 月，国家发展改革委、国家能源局联合发布《氢能产业发展中长期规划（2021—2035 年）》，提出到 2025 年，基本掌握核心技术和制造工艺，燃料电池车辆保有量约 5 万辆，部署建设一批加氢站；到 2030 年，形成较为完备的氢能产业技术创新体系、清洁能源制氢及供应体系；到 2035 年，形成氢能产业体系、构建氢能多元应用生态，可再生能源制氢在终端能源消费中的比重明显提升。未来，氢能产业在以国内大循环为主体、国内国际双循环相互促进的新发展格局下，将迎来更广阔的发展空间。

科技是第一生产力，人才是第一资源，氢能产业的高质量发展离不开人才体系的培养。2021 年 7 月，教育部发布《高等学校碳中和科技创新行动计划》，次年 4 月发布《加强碳达峰碳中和高等教育人才培养体系建设工作方案》，均提到了对氢制储输用全产业链的技术攻关和人才培养要求，"氢能科学与工程"成为新批准设立的本科专业。《氢能产业发展中长期规划（2021—2035 年）》也提出，要系统构建氢能产业创新体系：聚焦重点领域和关键环节，着力打造产业创新支撑平台，持续提升核心技术能力，推动专业人才队伍建设。2022

年 10 月，中共中央办公厅、国务院办公厅印发《关于加强新时代高技能人才队伍建设的意见》，提出构建以行业企业为主体、职业学校为基础、政府推动与社会支持相结合的高技能人才培养体系，加大急需紧缺高技能人才培养力度。

氢能产业的快速发展给人才培养带来挑战，氢能产业急需拥有扎实的理论基础、完整的知识体系，并面向应用实践的复合型人才。此次出版的"氢能与燃料电池产业应用人才培养丛书"由中国电动汽车百人会氢能中心邀请来自学术界、产业界和企业界的专家学者们共同编写完成，是一套面向氢能产业应用人才培养的教育丛书，它填补了行业的空白，为行业的人才建设工作做出了重要的贡献。

氢不仅是关乎国际能源格局、国家发展动向的产业，也是每一个从业者的终身事业。事业的成功要依靠个人不懈的努力，更要把握时代赋予的机遇，迎接产业蓬勃发展的浪潮。愿读者朋友能以此套丛书作为步入氢能产业的起点，保持初心，勇往直前，不负产业发展的伟大机遇与使命！

陳清泉

中国工程院院士
英国皇家工程院院士
世界电动汽车协会创始暨轮值主席
2022 年 10 月

　　氢能作为来源多样、应用高效、清洁环保的二次能源，广泛应用于交通、储能、工业和发电领域。氢能的开发利用已成为世界新一轮能源技术变革的重要方向，也是全球实现净零排放的重要路径。伴随我国"双碳"战略目标的提出，氢能因具有保障能源安全、助力深度脱碳等特点，成为我国能源结构低碳转型、构建绿色产业体系的重要支撑，产业发展方向确定且坚定。

　　当前，氢能产业发展迅猛，已经从基础研发发展到批量化生产制造、全面产业化阶段。面对即将到来的氢能规模化应用和商业化进程，具有扎实的理论基础和工程化实践能力的复合型人才将成为推动氢能产业发展的关键力量。氢能人才培养是一个系统化工程，需要有好的人才政策、产业发展背景作为支撑，更需要有产业推动平台、科研院所以及众多企业的创新集聚，共同打造产学研协作融合的良好生态。

　　2021年7月，教育部印发《高等学校碳中和科技创新行动计划》，明确推进碳中和未来技术学院和示范性能源学院建设，鼓励高校开设碳中和通识课程。2022年10月，中共中央办公厅、国务院办公厅印发了《关于加强新时代高技能人才队伍建设的意见》，明确提出："技能人才是支撑中国制造、中国创造的重要力量。加强高级工以上的高技能人才队伍建设，对巩固和发展工人阶级先进性，增强国家核心竞争力和科技创新能力，缓解就业结构性矛盾，推动高质量发展具有重要意义。"为贯彻落实党中央、国务院决策部署，加强新时代高技能人才队伍建设，同时结合目前氢能产业发展对人才的要求，中国电动汽车百人会氢能中心联合上海燃料电池汽车商业化促进中心、佛山环境与能源研究院、上海氢能利用工程技术研究中心、上海智能新能源汽车科创平台、山东氢谷新能源技术研究院等单位共同编制了"氢能与燃料电池产业应用人才培养丛书"。

　　本系列丛书包括《氢能与燃料电池产业概论》《制氢技术与工艺》《氢气储存和运输》《加氢站技术规范与安全管理》《氢燃料电池汽车及关键部件》《氢燃料电池汽车安全设计》《氢燃料电池汽车检测与维修技术》，丛书内容覆盖了氢能与燃料电池全产业链完整的知识体系，同时力图与工程化实践做好衔接，立足应用导向，重点推进氢能技术研发的实践设计和活动教学，增进教育链、人才链与产业链的深度融合，可以让学生或在职人员通过学习培训，全面了解氢能与燃料电池产业的发展趋势、技术原理、工程化进程及应用解决方案，具备在氢气制取、储运、加氢站运营、氢燃料电池汽车检测与维修等领域工作所需的基础知识与实操技能。

　　本书是全套系列丛书的第七部，重点介绍氢燃料电池汽车检测与维修技术。本书共分

12 章，全面覆盖了氢燃料电池汽车基础、氢燃料电池汽车动力系统总成基础、氢燃料电池汽车检测标准及测试装备、氢燃料电池系统故障检测与维修、氢燃料电池堆故障检测与维修、空气供应系统故障检测与维修、高压储氢系统故障检测与维修、氢气供应系统故障检测与维修、水热管理系统故障检测与维修、氢燃料电池汽车控制系统故障检测与维修、氢燃料电池汽车传动桥故障检测与维修、氢燃料电池汽车保养与维护。鉴于氢燃料电池汽车的复杂性，对检测与维修技术提出了更高的要求，本书通过全面阐述氢燃料电池汽车及部件的基础知识、检修方法及实训技能，希望培养行业人才掌握检测与维修氢燃料电池汽车典型常见故障的能力，助力氢能产业的健康有序发展。

　　时间匆忙，丛书编写委员会虽力求覆盖完整产业链的相关要点，但编写工作仍有许多不足，期待可以不断改进与完善，以培养产业亟需的高技能人才为盼。在此特别感谢各有关合作单位的鼎力支持，以及机械工业出版社各位编辑、审校人员的辛勤付出。

　　希冀本套丛书能够为氢能产业专业人才提供帮助，为氢能产业人才培养提供支撑，为氢能产业可持续发展贡献微薄之力。

张真

"氢能与燃料电池产业应用人才培养"系列丛书编写委员会主任

山东氢谷新能源技术研究院院长

CONTENTS

目　录

第1章 氢燃料电池汽车基础

汽车是现代生活中的重要交通工具，随着全球气候环境的恶化和化石能源危机意识的崛起，开发低能耗、新能源汽车已成为社会主流的技术发展方向。世界各国都在大力发展纯电动、氢能源等新型车辆。在中国，氢能和氢燃料电池是实现能源清洁利用、能源消费结构优化的重要途径[1]。氢燃料电池的反应生成物只有水，具有无污染、无噪声、效率高、响应性好等优点。氢燃料电池既可以作为发电厂、区域分布式组网供电、家庭为单位的热电联供的发电源，也可以作为汽车、船舶、飞机等交通工具的绿色动力源。

氢燃料电池汽车作为燃料电池的一种典型应用，具有广泛的发展前景。相比纯电动汽车，氢燃料电池汽车具有更长的续驶里程、更短的续能（加氢）时间以及更高的能量密度，在长途和重型车辆上的应用具有较大优势。

1.1 氢燃料电池汽车的定义与分类

氢燃料电池是利用氢与氧发生电化学反应产生电能的高效发电装置，使用氢燃料电池作为动力源的汽车，称为氢燃料电池汽车。

氢燃料电池汽车可分为乘用车和商用车。乘用车典型车辆为上汽大通 MAXUS EUNIQ 7（图 1-1a）、广汽 Aion LX、丰田 Mirai、本田 Clarity、现代 NEXO、奔驰 GLC fuel-cell 等；商用车典型车辆为上汽红岩氢燃料电池自卸车、中国重汽氢燃料牵引车豪威 HOVA、现代氢燃料电池重型货车 XCIENT Fuel Cell、丰田氢燃料电池重型货车 FCET 以及梅赛德斯-奔驰的氢燃料电池概念货车 GenH2 等。国内氢燃料电池汽车搭载的多为上汽捷氢、重塑科技（图 1-1b）、亿华通、上海氢能等燃料电池系统供应商的产品。

此外，我国车用氢燃料电池的研发经过了"九五"至"十二五"四个五年计划的积累，在 863 计划"电动汽车"重大科技专项、"节能与新能源汽车"重大项目等支持下，车用氢燃料电池关键技术已经有了长足进步，基本建立了完整的核心零部件、动力系统和整车集成完整的产业链，通过示范运行牵引，正在强化加氢站等能源供给体系建设。

从 2008 年北京奥运会的 3 辆氢燃料电池大巴，到 2010 年上海世博会的 196 辆氢燃料电池汽车，再到 2022 年北京冬奥会的上千辆氢燃料电池汽车示范运行，氢燃料电池的示范运行车辆数量正在逐步上升。目前推进的"燃料电池汽车示范城市群"工程，将极大地促进燃料电池汽车的产业化进程。

a) 上汽大通 MAXUS EUNIQ 7　　　　　　　b) 重塑物流车

图 1-1　典型氢燃料电池汽车

氢燃料电池汽车的种类较多，通常从燃料特点、燃料存储方式以及能源配置模式三个方面进行分类（图 1-2）。

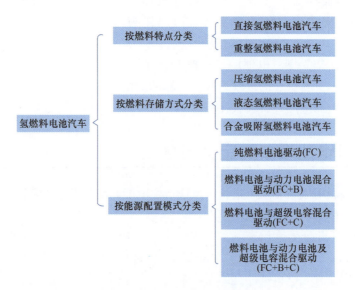

图 1-2　氢燃料电池汽车的分类

按照燃料特点，氢燃料电池汽车可分为直接氢燃料电池汽车和重整氢燃料电池汽车。直接氢燃料电池汽车是以氢气为加注燃料；重整氢燃料电池汽车则是以汽油、天然气、甲醇、甲烷、液化石油气等醇类或烃类以及液氨等为加注燃料，经重整制得氢气。直接氢燃料电池汽车无排放污染，但是氢的制取、存储、运输和加载等整个供应链复杂、成本高；重整氢燃料电池汽车燃料获取简单，但需要增加燃料重整系统，氢纯度控制难度大，且系统结构较为复杂，车用难度大。为了方便介绍，后文中未特别说明的均为直接氢燃料电池汽车。

　　按照燃料存储方式，氢燃料电池汽车可分为压缩氢燃料电池汽车、液态氢燃料电池汽车以及合金吸附氢燃料电池汽车。压缩氢燃料电池汽车是以高压储氢罐作为存储容器，存储气态氢气。国内目前主流的储氢压力为 35MPa，部分厂商的储氢压力可达 70MPa，国外乘用车多为 70MPa 储氢压力。液态氢燃料电池汽车是将氢气降至 -253℃ 的低温形成液氢，并用绝热抗压容器进行存储。合金吸附氢燃料电池汽车是利用钛系、锆系、铁系及稀土系等储氢合金或者金属有机化合物吸收氢气，让氢以原子态方式存储于合金中。

　　目前压缩氢燃料电池汽车比较常见，液氢与合金吸附氢燃料电池汽车尚处于研究阶段。

　　按照能源配置模式分类，氢燃料电池汽车可分为 4 类：纯燃料电池驱动（FC）、燃料电池与动力电池混合驱动（FC+B）、燃料电池与超级电容混合驱动（FC+C）、燃料电池与动力电池及超级电容混合驱动（FC+B+C）[2]。

1.2　氢燃料电池汽车的结构

　　氢燃料电池汽车的结构与传统燃油汽车相似，一般由氢燃料电池动力系统（图 1-3）、底盘、车身和电气设备四个基本部分组成。

图 1-3　氢燃料电池汽车氢燃料电池动力系统结构示意图

1.2.1　氢燃料电池动力系统

　　氢燃料电池动力系统是氢燃料电池汽车的动力源，其作用相当于传统燃油汽车的发动机。与传统内燃机直接输出机械能不同，氢燃料电池输出为电能，因此氢燃料电池动力系统需要利用电机来实现电能向机械能的转换。

　　氢燃料电池动力系统主要由氢燃料电池系统、驱动电机、辅助动力源等组成。其中氢燃料电池系统一般由燃料电池堆、氢气供应系统、空气供应系统、水热管理系统、氢燃料控制器等组成，辅助动力源一般为高压电池包、超级电容或两者兼有。

1.2.2　底盘

　　底盘起到支撑车身、氢燃料电池系统及其附件、总成的作用；同时接受氢燃料电池动力系统发出的动力，传递至车轮。

　　氢燃料电池汽车底盘与纯电动汽车底盘类似，主要由传动系统、行驶系统、转向系统和制动系统四部分组成。

1.2.3 车身

车身安装在底盘上，起到装载乘客和货物的作用。车身外形形成的汽车整体造型，影响车辆的风阻等空气动力学参数。轿车、客车的车身一般是整体结构，货车车身一般由驾驶室和货箱两部分组成。

车身结构由车身壳体（白车身）、车门、车窗、车前钣金件、车身内外装饰件和车身附件、座椅以及通风、冷气/暖气管路等组成。在货车和专用汽车上还包括货箱和其他装备。

1.2.4 电气设备

氢燃料电池汽车电气设备由电源和用电设备两大部分组成，电源主要包括氢燃料电池系统、高压（动力）电池包和低压系统用蓄电池；高压用电设备主要包括驱动电机、电动空压机、散热循环系统、空调系统、电机控制器；低压用电设备和传统内燃机车辆的车载用电装置类似。

1.2.5 与纯电动汽车的区别

氢燃料电池汽车与纯电动汽车结构比较相似，主要区别是能量来源不同。纯电动汽车动力系统的动力源仅有一个，即动力电池组；而氢燃料电池汽车动力系统较为复杂，一般含有多个动力源，包括燃料电池堆和动力电池组（或超级电容）。具体结构对比如图1-4所示。

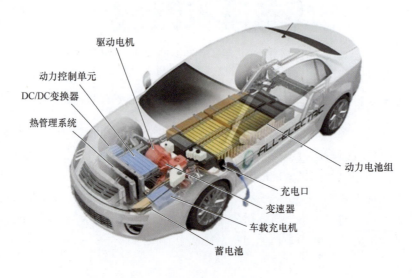

驱动电机

动力控制单元

DC/DC变换器

热管理系统

动力电池组

充电口

变速器

车载充电机

蓄电池

a) 纯电动汽车动力系统结构

图1-4 纯电动汽车与氢燃料电池汽车动力系统结构对比

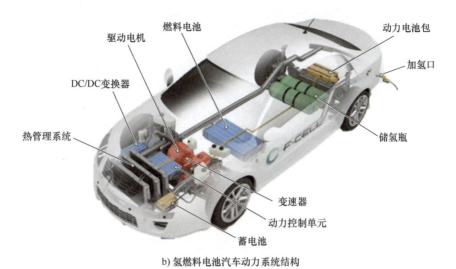

b) 氢燃料电池汽车动力系统结构

图 1-4　纯电动汽车与氢燃料电池汽车动力系统结构对比（续）

1.3　氢燃料电池汽车的主要零部件

氢燃料电池汽车通过氢燃料电池发电系统产生电能带动电机工作，由电机驱动车辆的机械传动结构，将机械能传递至车轮，进而驱动车辆前进。目前阶段，国产氢燃料电池不能快速响应车辆的动态功率需求，会用动力电池（或超级电容）作为补充动力源为电机供能，以满足车辆的快速变工况需求。氢燃料电池汽车所携带的氢气总质量决定了车辆的续驶里程；而氢燃料电池汽车的性能和行驶特性则取决于氢燃料电池动力系统本身[3]。

为了满足汽车的使用要求，车用燃料电池还必须具有高比能量、适合的工作温度、启动快、无泄漏等特性。在众多类型的燃料电池中，目前只有质子交换膜燃料电池（Proton Exchange Membrane Fuel Cell，PEMFC）能够具备这些特性，所以现阶段量产的燃料电池汽车所使用的燃料电池都是 PEMFC。因此本文将着重对搭载 PEMFC 的车辆做详细介绍。

搭载 PEMFC 的车辆结构和纯电动汽车相似，主要区别在于用 PEMFC 代替动力电池组。图 1-5 所示为氢燃料电池汽车的主要部件，下面介绍这些系统和主要零部件。

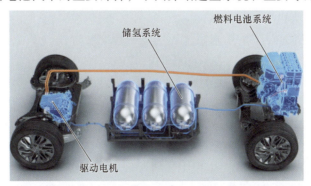

图 1-5　氢燃料电池汽车主要部件

1.3.1 燃料电池系统

燃料电池系统主要包括燃料电池堆、氢气供给系统、空气供给系统和水热管理系统。氢气供给系统中，储氢瓶内的高压氢气经过减压阀、喷射泵或其他氢气流量/压力控制装置进入燃料电池堆正极；空气供给系统中，经过滤清器的空气经空气压缩机、中冷器、增湿器进入燃料电池堆负极，与氢气进行电化学反应。空气尾气直接排至大气中，而为了提高氢气的利用率，氢气尾气通常经气液分离装置、热交换器后由氢循环泵（或引射器等控制装置）混合新鲜氢气作为燃料循环使用。

当大功率燃料电池堆发电运行时，电化学反应产生的部分能量转变成热能，因此需要有热管理系统，维持燃料电池堆运行在 70~80℃ 的适宜温度。运行过程中，贯穿电池堆的冷却流道通过冷却液带走多余的热量；由于冷却液循环系统是连成一体的，电导率过大会造成电池堆短路，因此热管理系统中通常需要用到去离子器处理冷却液。

燃料电池堆对气体的湿度要求比较严格，早期空气路入口处常配备增湿器以润湿空气。近年来燃料电池厂商能够通过优化电池堆流场板和气体扩散层设计实现电池堆自增湿，不再需要增湿器。

由于车用燃料电池系统的功率需求大，一般需要几十甚至数百千瓦；由于燃料电池单片（个）电池工作电压在 0.6~0.7V 之间，电流通常取决于单片电池的有效工作面积和对应的工作电流密度（A/cm^2），通常将多个单片电池串联在一起组成电池堆，再将多个电池堆串联或并联，使之互相连接起来以提

**图 1-6 重塑镜星八
燃料电池系统**

高电池功率。目前燃料电池技术正处于快速迭代过程中，图 1-6 所示为重塑镜星八燃料电池系统。

1.3.2 驱动电机

驱动电机是所有电动汽车必不可少的关键部件。车辆的最高车速、加速性能、爬坡能力等动力、能耗指标，都与驱动电机密切相关。目前，国内外电机结构众多，性能不一，工作原理也不尽相同。电动车辆上使用较多的是永磁无刷直流电机、永磁同步电机、交流感应电机三种。

1. 永磁无刷直流电机

永磁无刷直流电机的转子采用永磁体，用电子换向装置代替直流有刷电机的机械换向装置，在其工作时直接将方波（梯形波）电流输入永磁无刷直流电机的定子中，控制电机的运转（图 1-7）。永磁无刷直流电机具有很高的功率密度（在相同尺寸且铁耗相同的情况下，比正弦波电机即永磁同步电机的电功率高 15% 左右）和宽广的调速范围，同时还具有高转速高效

图 1-7 永磁无刷直流电机

率（比交流感应电机高 6% 左右）、体积小、惯性低、响应快等优点，使其非常适用于电动汽车的驱动系统，有极好的应用前景；但其价格较高，耐热性较差。日本研制的电动汽车主要采用永磁无刷直流电机，我国作为稀土大国，永磁电机整体技术水平高，目前也有部分国

产新能源车辆采用。

2. 永磁同步电机

永磁同步电机是将永久磁铁代替他励同步电机的转子励磁绕组，定子则与普通同步电机一样。其转子采用径向永久磁铁，形成可同步旋转的磁极，如图1-8所示。三相永磁同步电机具有定子三相分布的绕组和永磁转子，在磁路结构和绕组分布上保证反电动势波形为正弦波，为了进行磁场定向控制，输入定子的电压和电流也为正弦波。在新能源汽车领域，永磁同步电机得到广泛使用。通过控制电机定子绕组的输入电流频率和电流，完成对车速、驱动转矩等动力学控制。与其他类型的电机相比较，永磁同步电机的最大优点就是具有较高的功率密度与转矩密度，因此相比于其他种类的电机，在相同质量与体积下，永磁同步电机能够为新能源汽车提供最大的动力输出与加速度。但是，永磁同步电机也有自身的缺点。转子上的永磁材料在高温、振动和过电流的条件下，会产生磁性衰退的现象。此外，永磁材料价格较高，因此整个电机及其控制系统成本较高。我国在稀土产业链的整体优势提升了永磁同步电机的性价比优势，目前国产新能源汽车基本采用永磁同步电机。

3. 交流感应电机

交流感应电机（又称"异步电机"）主要由定子、转子和它们之间的气隙构成，如图1-9所示。对定子绕组通入三相交流电源后，产生旋转磁场并切割转子，获得转矩。交流感应电机是较早用于电动汽车驱动的一种电机，它的调速控制技术比较成熟，具有结构简单、体积小、质量小、成本低、运行可靠、转矩脉动小、噪声低、转速极限高和不用位置传感器等优点；但因其转速控制范围小、转矩特性不理想，不适合频繁启停、频繁加减速的电动汽车。美国以及欧洲研制的电动汽车过去多采用交流感应电机，目前已有改用永磁同步电机的趋势。

图1-8 永磁同步电机

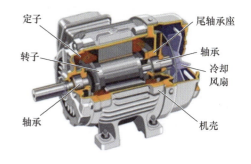

图1-9 交流感应电机

1.3.3 DC/DC 变换器

在电动汽车的电子系统中，直流总线的电压等级难以同时满足不同电子元器件的性能需求，因此需要配备 DC/DC 变换器，将总线电压升（降）为元器件工作电压。

对于氢燃料电池汽车来说，燃料电池堆工作时，输出的电压范围波动较大，大功率燃料电池堆更是如此，难以保证恒压输出，而且一般电池堆的输出电压比车辆直流总线的电压要低，因此燃料电池堆难以直接驱动车辆，需要配备 DC/DC 变换器和一个小型动力电池组来解决燃料电池输出电压与直流总线电压匹配问题。

　　燃料电池动力系统通常采用燃料电池加动力电池的混合驱动形式（混合动力型）。在燃料电池的输出端连接一个 DC/DC 变换器，对燃料电池的输出电压进行升压变换和稳压调节，使 DC/DC 变换器输出端的电压与动力电池的工作电压相匹配，并且控制燃料电池的最大输出电流和功率，起到保护燃料电池的作用。混合动力型燃料电池动力系统所采用的电源具有不同的特性，燃料电池只提供电能，电流的方向是单向的；而动力电池和超级电容器在充放电时，电流方向是双向的（图 1-10）。因此，在燃料电池与电机之间要配置单向 DC/DC 变换器，而在动力电池和超级电容器与电机之间要配置双向 DC/DC 变换器[3]。

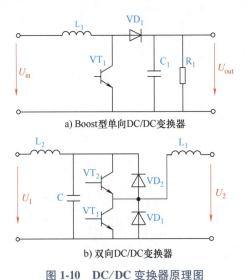

a) Boost 型单向 DC/DC 变换器

b) 双向 DC/DC 变换器

图 1-10　DC/DC 变换器原理图

C—电容　VT—导通开关　VD—整流二极管　L—电感

1.3.4　储氢系统

　　车载储氢系统有高压气态储氢、液态储氢和合金吸附储氢等方式。目前世界上已有的氢燃料电池车辆商业化和示范应用中，均采用高压气态储氢，储氢压力通常有 35MPa 和 70MPa 两种。其他诸如金属氢化物储氢和液态储氢，由于技术不够成熟，不具备体系化的燃料供应体系，目前尚处于研究阶段。

　　氢燃料电池汽车通常采用高压气罐储氢。一般的车载高压氢气储存系统由储氢瓶组、压力表、滤清器、减压阀、单向阀、电磁阀、手动截止阀及管路等组成。为了减小万一泄漏带来的氢气集聚和进入乘员舱等风险，同时兼顾交通事故时的避撞和安全保护，高压气瓶组通常置于车顶或车底，既节省空间也增加安全性。乘用车一般将储氢罐放置于后排座椅的下方（传统内燃机轿车的油箱位置）或后行李舱前部；客车一般放置于车顶；货车一般放置在驾驶舱后方、货箱的前部或底部燃油箱位置（图 1-11）。

　　目前各国燃料电池汽车基本采用 35MPa 压力的储氢罐，也有部分厂商开始使用 70MPa压力的储氢罐。高压气态储氢使用高纯氢，燃料质量能得到保证，不容易发生因杂质使燃料电池"中毒"的严重事故。相比液态储氢，高压容器的密封性好，能够保存更长时间，且对环境温度的敏感性更低。此外，高压储氢罐的动态响应特性极好，需要用大量的氢气时，将阀门开大一点就好，不用则关闭阀门，完全能满足氢燃料电池汽车的行驶要求。相比之下，合金吸附储氢由于需要预热等辅助过程，其产氢响应过程较为缓慢，难以满足车辆快速、变工况的需求。高压气态储氢已经有了较完善的供应链，与传统燃油车辆加油过程类似，且加注时间也很快，几分钟到十几分钟即可加注完毕。

图 1-11　车载高压储氢系统常见的气瓶安装位置

1.3.5　电子控制系统

氢燃料电池汽车的电子控制系统的主要功能包括氢燃料电池系统控制、DC/DC 变换器控制、高压电池包控制、驱动电机控制、高压储氢及供氢控制、整车能量管理和协调控制等，各控制功能模块通过总线连接（图 1-12）。通过电子控制系统可以实现汽车性能参数的实时监控和协调控制。

整车控制器（VCU）是整个汽车的核心控制部件，相当于汽车的"大脑"。它采集加速踏板、制动踏板及其他部件的信号，并做出相应判断后，控

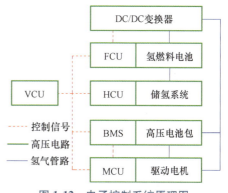

图 1-12　电子控制系统原理图

制下层各部件控制器的动作，驱动汽车正常行驶。作为汽车的指挥管理中心，整车控制器主要功能包括驱动转矩控制、制动及能量回馈等的优化控制、整车的能量管理、CAN 网络的维护和管理、故障的诊断和处理、车辆状态监视等。因此，整车控制器的优劣直接决定了车辆的稳定性和安全性水平。

氢燃料电池控制器（FCU）是氢燃料电池系统的控制"大脑"，主要实现对氢燃料电池系统的在线检测、实时控制及故障诊断，确保系统稳定可靠工作。氢燃料电池控制器功能包括物料供给管理、水热管理、电气管理、通信功能和故障诊断等。反应气体的压力、湿度、电池堆内部湿度及温度等操作条件直接影响电池堆的性能和寿命。

储氢系统控制器（HCU）主要实现氢瓶温度及压力信号采集、储氢系统剩余氢气量的计算、故障识别、瓶阀控制等功能。它配合 VCU 优化整车系统性能。

电池管理系统（BMS）是检测和管理动力电池状态的控制器，能够智能化管理及维护各个动力电池单元，防止动力电池出现过充电和过放电，延长动力电池的使用寿命，监控动

力电池的状态。

驱动电机控制器（MCU）是控制电机按照设定的转动方向、速度、转矩、响应时间进行工作的控制单元。它可根据 VCU 发出的指令，根据驱动电机的用电需求，释放氢燃料电池系统或高压电池包的电能，来控制电动车辆的启动运行、进退速度、爬坡力度等行驶状态，或者在车辆制动时辅助制动，通过电机回收部分制动能量存储到高压电池包中。

参 考 文 献

［1］中国汽车工程学会. 节能与新能源汽车技术路线图 2.0［M］. 2 版. 北京：机械工业出版社，2021.

［2］周苏. 燃料电池汽车建模及仿真技术［M］. 北京：北京理工大学出版社，2017.

［3］王志成，等. 燃料电池与燃料电池汽车［M］. 北京：科学出版社，2016.

第 2 章　氢燃料电池汽车动力系统总成基础

目前国内氢燃料电池系统由于动态响应不能满足车用要求，多采用电电混合的动力系统，系统部件主要包括氢燃料电池系统、动力电池、DC/DC 变换器、驱动电机系统。丰田、现代的氢燃料电池由于动态响应较好，只匹配了一个容量较小的高压电池包，用于动力响应和制动能量回馈。

2.1　氢燃料电池汽车动力系统结构简介

氢燃料电池汽车动力系统涉及机械、电子、电力、通信、控制等多个学科。典型的氢燃料电池汽车动力系统主要由氢燃料电池系统、动力电池系统、DC/DC 变换器、电机及控制器、减速/差速机构等组成，图 2-1 为氢燃料电池汽车动力系统简化结构示意图。

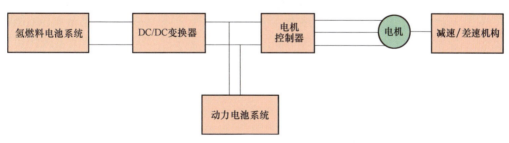

图 2-1　氢燃料电池汽车动力系统简化结构示意图

2.1.1　氢燃料电池系统

氢燃料电池系统的主要作用是使氢和氧发生电化学反应将化学能转变成电能，一般包括氢燃料电池堆、气体输配和回收系统、散热和加湿系统、监测和控制系统、氢气安全系统、辅助电源、电能输出系统。图 2-2 所示为一种典型的集成式氢燃料电池系统实物。氢燃料电池可作为车辆、航空航天和水下等装置的驱动动力电源和辅助动力。

氢燃料电池系统的能量转换是在电池堆内静态下完成的，其构造简单，加工精度要求比内燃机低得多，结构件大多数为板状和管件，没有运动零部件和各种摩擦副，没有因零部件磨损引起的故障，所以维修、保养方便。氢燃料电池系统在运行过程中，噪声小，振动小，散热系统比内燃机简单得多，热管理系统也更加简单，产出物不需要进行净化和消声处理，整个氢燃料电池系统容易实现自动化系统管理。

从冷却效率角度看，氢燃料电池系统的工作温度远低于内燃机，许多厂商选择采用主散热器搭配辅散热器的冷却方案，这将增大氢燃料电池系统在氢燃料电池汽车上集成的难度。冷却系统大多数会采取与内燃机相似的大、小循环回路设计：当氢燃料电池系统需要快速暖机时，冷却液流经小循环回路；当氢燃料电池系统进行大功率输出时，冷却液流经大循环回路进行充分散热。冷却系统中的节温器也不能直接使用内燃机节温器，因为其冷却液的温度范围低于内燃机冷却液，一般采用乙二醇和水的混合液，以适应冬季低温环境。

图 2-2　氢燃料电池系统

近些年发展得最为迅速的是质子交换膜燃料电池（PEMFC），它具有高功率密度、高能量转换效率、低温启动、环境友好等优点，是燃料电池汽车最常用的动力源。

氢燃料电池单独作为电动汽车的驱动能源存在着价格昂贵、供氢麻烦等缺点，在性能上也存在不足之处，即同样的负载波动，氢燃料电池的输出电压波动远远大于普通蓄电池。当氢燃料电池的负载增大时，其输出功率增大，其输出电压下降的斜率远远大于普通蓄电池输出电压下降的斜率。氢燃料电池在发电过程中，如果输出功率频繁波动，它的效率将会大大降低，对其寿命也会产生不利影响。然而，作为一种交通工具，氢燃料电池汽车必须能在起步、爬坡、怠速、滑行、制动、加速等不同的工况下正常行驶，导致汽车动力系统的负载在不断波动。因此，氢燃料电池单独作为电动汽车驱动能源的方案不可取，需要添加辅助动力源，补偿电动汽车不同工况下的瞬时功率需求及大功率需求。

2.1.2　动力电池系统

氢燃料电池汽车需要配备辅助动力源，当电动汽车需求功率较大时，辅助动力源可以释放储存的能量，分担氢燃料电池承担的功率，减小氢燃料电池的输出功率波动，降低系统对氢燃料电池的峰值功率需求；当电动汽车处于回馈制动状态时，由于氢燃料电池不能加载反向电压，即不能被充电，此时，辅助动力源能够吸收制动能量，从而保证氢燃料电池始终处于正向供电状态，并提高了动力系统整体供电效率。

辅助动力源通常包括超级电容和动力电池组。超级电容是一种介于传统电容器与电池之间、具有特殊性能的电源，它也不同于传统的化学电源。超级电容主要依靠双电层和氧化还原假电容电荷储存电能，其显著优势在于工作温度范围宽、功率密度高、循环寿命长、充放电时间短，不足之处是材料成本太高导致价格昂贵，而阻碍其大规模的民用场合应用。此外，它存储的能量有限，仅适用于需要瞬间大电流放电的场合。

氢燃料电池汽车主要采用的辅助动力源还是动力电池组。目前用于电动汽车的动力电池大致包含三种：锂离子电池、镍氢电池、阀控铅酸电池。从使用成本、充放电效率、能量密度、功率密度、循环使用寿命等方面综合考虑，锂离子电池是适用于电动汽车的最佳对象，其中磷酸铁锂电池以其安全性高、循环寿命超长、充放电性能稳定等优点受到业界的大力推崇。磷酸铁锂电池作为氢燃料电池汽车的辅助动力源，其大电流快速充放电特性能满足频繁启停的城市工况运行需求，并能快速有效回收制动能量。

2.1.3　DC/DC 变换器

若以氢燃料电池作为电源直接驱动，氢燃料电池堆的输出电压受到单片电压的限制，会表现为输出特性偏软、输出电压较低，不能直接对电动汽车的动力电池和驱动电机供电。为了能让氢燃料电池稳定有效地输出功率，在氢燃料电池与汽车驱动系统之间加入 DC/DC 变换器（图 2-3），然后将氢燃料电池产生的能量传递给电机控制器（MCU）等，以使输出满足动力系统的恒压、高动态响应等方面的要求，并合理分配氢燃料电池与动力电池之间的能量，达至最佳能效，同时对氢燃料电池堆的电性能状态进行监测、保护。简而言之，就是

图 2-3　某种型号的 DC/DC 变换器实物

两者共同组成稳定、可控的电流对外供电。DC/DC 变换器的另一个作用是可以根据驱动电机和动力电池的需求来控制输出电压和输出电流，所以一个高性能的 DC/DC 变换器对氢燃料电池汽车显得尤为重要。

2.1.4　电机及控制器

驱动电机将来自氢燃料电池和动力电池组的电能转化为机械能，以驱动车轮，此外在车辆减速时能够回收多余动能，转化为电能。目前常用的驱动电机大致可以分为直流电机、交流异步电机、永磁同步电机和开关磁阻电机四种。直流电机因为其结构简单、易于调速等优势最早应用在电动汽车上，但随着技术的不断革新，交流电机展现出来的优势更强于直流电机。

整车控制器（VCU）作为上层控制单元负责协调动力子系统的运行，它采集驾驶员输入信号，向各子控制系统发送控制指令。动力子系统控制器的主要功能是接收整车控制器的指令，控制相应部件动作，并向整车控制器反馈部件的状态信息。整车控制系统的核心是能量管理。整车控制器根据驾驶员需求，控制电机转矩的大小，从而驱动整车运动；与常规电动汽车的不同之处在于，常规电动汽车的能量源为动力电池，而氢燃料电池汽车为氢燃料电池或氢燃料电池和动力电池的组合。氢燃料电池控制器根据 VCU 的控制指令，控制输入氢燃料电池的氢气和空气的量，从而实现对氢燃料电池输出电流的控制。

电机控制器（MCU）是电动汽车特有的核心功率电子单元（图2-4），它通过接收 VCU 的车辆行驶控制指令，控制电机输出指定的转矩和转速，驱动车辆行驶，实现把动力电池的直流电能转换为所需的高压交流电（若采用交流电机作为驱动电机）并驱动电机本体输出机械能。VCU 通过 CAN 发送电机正反转信号和转矩命令信号给 MCU，MCU 控制电机驱动车辆。同时，MCU 还具有电机系统故障诊断保护和存储功能。

图 2-4　某种型号的电机及控制器实物

2.1.5　减速机构

变速器是传统燃油车的核心部件之一，主要用于配合离合器，确保汽车正常起步，以及在车速变化中通过档位切换（改变速比）使得发动机稳定处于工作转速。单级变速器通常被称为减速器。出于动力性和经济性考虑，新能源汽车需使用减速器（图2-5）。减速器的主要作用是降低转速、提升转矩。在新能源汽车领域主要有纯电动汽车、混合动力汽车、氢燃料电池汽车三大技术路线。以纯电动汽车为例，其电机本身即可以使车辆正常行驶，若增加变速器对于驾驶性能改善效果有限，还会增加成本；但若由电机直驱，对于过载、中高速、爬坡等要求较高的工况，输出到车轮的转矩可能过小，若使用高转速、大转矩的电机，成本相对较高。因此，目前纯电动汽车多使用减速器配合电机工作。

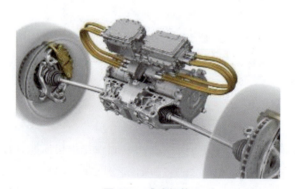

图 2-5　减速机构

2.2　氢燃料电池汽车动力系统架构

动力系统是氢燃料电池汽车最重要的组成部分，目前最常见的动力总成方案有两种驱动形式，分别是纯氢燃料电池以及混合动力（氢燃料电池+辅助动力源）。其中混合动力系统又分为氢燃料电池和动力电池混合动力系统（FC+B），氢燃料电池和超级电容混合动力系统（FC+C），氢燃料电池、动力电池和超级电容混合动力系统（FC+B+C），以及氢燃料电池、蓄电池和超高速飞轮混合动力系统。

2.2.1　纯氢燃料电池动力系统

纯氢燃料电池动力系统（PFC）是通过氢燃料电池内部氢氧化学反应所产生的电能来承担汽车运行过程中所需要的动能，其系统架构如图 2-6 所示。此方案因只采用氢燃料电池作为动力源，所以汽车性能与氢燃料电池性能成正比，不仅结构简洁，而且配置轻盈，控制策略相对简单。不过此方案也有缺陷，其动力源过于单一且对氢燃料电池的可靠性要求极高，也不能实现制动所产生的再生动能回收，这些问题极大地阻碍了纯氢燃料电池汽车的发展，使其只能存在于理论层面。

2.2.2　氢燃料电池加动力电池方案

针对上述纯氢燃料电池动力系统动力源单一的问题，研究人员发现在氢燃料电池汽车上增配一些辅助动力源能够极大提高其使用性能。目前最常见的混合驱动方案是采用氢燃料电池+动力电池（FC+B）的组合，其系统架构如图 2-7 所示。此方案由氢燃料电池和动力电池共同为车辆供电，以氢氧反应产生的电能为主，动力电池存储的电能为辅，共同驱动氢燃料电池汽车行驶。同时，汽车在制动时，会有部分机械能转化为电能造成能量损失，动力电池则可以将这些损失的能量转变为化学能储存起来，实现再利用。但是此方案也有一定的缺点，如汽车自身重量增加，降低了汽车的动力性，此外，由于汽车架构设计难度加大，产生了额外的投入成本。

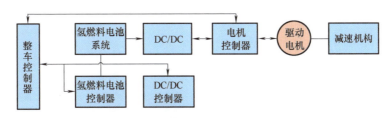

图 2-6　纯氢燃料电池动力系统架构图

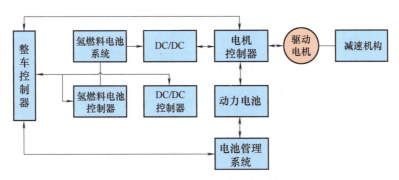

图 2-7　FC+B 混合驱动系统架构图

2.2.3　氢燃料电池加超级电容方案

氢燃料电池加动力电池组合的方案由于频繁充放电会对其使用寿命产生影响，研究人员利用超级电容充放电速度快、使用寿命长以及适用温度范围广等特性，将其替代动力电池组成新型混合动力驱动系统（FC+C）。该系统仍以氢燃料电池作为主要的动力源，提供最佳的续驶里程，而超级电容在汽车加速和爬坡时提供短时间的辅助动力补偿，其系统架构如图2-8所示。

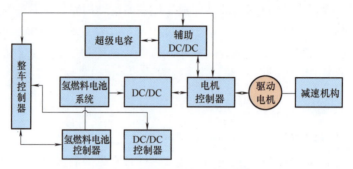

图 2-8　FC+C 驱动系统架构图

FC+C 混合驱动的方案，相对于 FC+B 方案的优势主要体现在延长电池使用寿命与提高能量转化效率等方面。同时，汽车若处于制动状态时，会产生再生动能，与动力电池相比，超级电容的吸收效率更高，速度也更快，这极大地提高了氢燃料电池汽车的续驶能力。这种方案依然有一些缺陷，如不适合长续驶里程充放电。这类技术就目前而言尚不成熟，基础设施也不尽完善，并不具备商业化量产的条件，但一旦攻克这些相关技术，必将会加速氢燃料电池汽车的发展。

2.2.4　氢燃料电池加动力电池加超级电容

FC+C 和 FC+B 两种方案都各有优缺点，研发人员也对氢燃料电池、动力电池、超级电容做了一定尝试，将三者组合在一起，即在氢燃料电池加动力电池方案的基础上，再将超级电容也并联其中，产生了 FC+B+C 系统架构，如图2-9 所示。

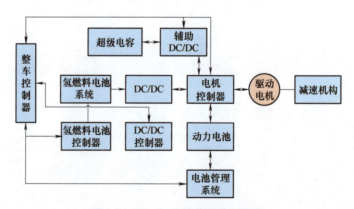

图 2-9　FC+B+C 驱动系统架构图

汽车在起步、爬坡或者加速等工作状态时，超级电容可以充分发挥充放电速度快的特性，提供汽车所需的峰值功率补偿。而当汽车处于减速或紧急制动状态时，超级电容能够迅速吸收再生动能，进而减弱了动力电池的负担，一方面延长了动力电池使用寿命，另一方面也相对提升了动力电池可利用能量，使得汽车续驶能力大幅提升。但是，同样受到超级电容技术的限制——结构复杂且成本相较更高，且三者之间的控制与优化可实现程度较低，因此尚处于理论萌芽和技术探索阶段。

2.2.5　氢燃料电池加动力电池加超高速飞轮动力系统

氢燃料电池加动力电池加超高速飞轮动力系统结构是在 FC+B 的基础上加上一个超高速飞轮，与超级电容相似，如图 2-10 所示。超高速飞轮是一种新兴的储能器，具有高效制动能量回收能力和高功率密度。它由高强度碳纤维制造的飞轮、可以浮动的磁铁轴承支撑装置、电机以及电力电子控制装置等组成。

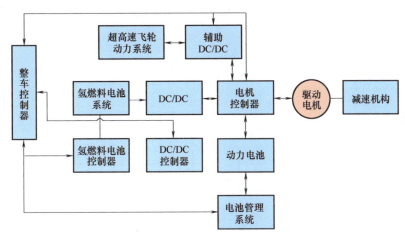

图 2-10　燃料电池加动力电池加超高速飞轮动力系统架构图

超高速飞轮动力装置的特点是具有高比能量（与铅酸电池的比能量相似；相比于普通的化学电池和传统内燃机，飞轮具有高功率比）。它对环境友好，污染小，没有废气排放；可以快速补充能量，并且快速充电对其循环使用寿命影响小；自放电率低，设计及操作灵活。但是超高速飞轮技术目前仍然处于萌芽状态。

应用到电动汽车以及混合动力汽车的超高速飞轮，具备如下两个重大制约因素：首先，每当车辆离开直线行驶，如转向和在有坡度的路面上下颠簸时，飞轮总是呈现回旋力，这降低了车辆的操控性能；其次，如果超高速飞轮受到损伤，那么它以机械方式储存的能量将在极短的时间内释放出来，相应释放出来的功率极高，由此可能引发车辆的严重损坏。因此，目前超高速飞轮在电动汽车和混合动力汽车中应用受到重大的制约。

2.3　氢燃料电池汽车动力系统能量流

2.3.1　氢燃料电池汽车的能量来源

氢燃料电池汽车也是电动汽车，只不过"电池"是氢氧混合燃料电池。和依赖充电储能的化学电池相比，燃料电池通过补充燃料（通常是补充氢气），可以持续不断且可控地产生电能。和其他电池一样，燃料电池由阳极、阴极和电解质组成。大部分燃料电池汽车使用聚合物交换膜燃料电池（PEMFC）。在氢燃料电池系统中，氢气受压通过催化剂（目前通常为铂催化剂），分解成氢离子和电子；这些电子会驱动汽车的电机，而氢离子会和氧气以及通过外电路流过来的电子合成水，并排出。这个环节在第4章进行具体讲解。

2.3.2 氢燃料电池汽车能量流分析

1. 氢燃料电池汽车能量系统

氢燃料电池汽车的能量系统主要包括储氢瓶、氢燃料电池系统、DC/DC变换器、电机控制器以及驱动动力总成等，如图2-11所示。

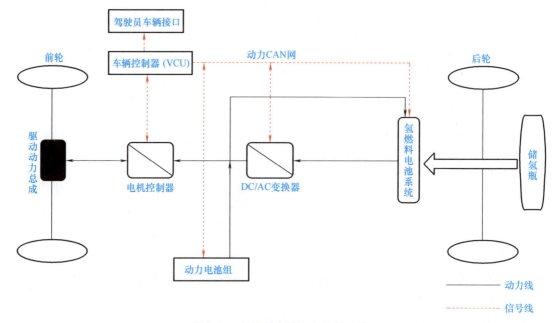

图2-11　氢燃料电池汽车能量系统

氢燃料电池以氢气作为还原剂、空气作为氧化剂，在氢燃料电池系统中通过电化学反应产生电压和电流；这部分电通过DC/DC进行升压后，经过整车控制系统分配，一部分电用于动力电池组充电，另一部分电通过DC/AC变换器（即电机控制器）将直流电变成三相交流电，为驱动电机（驱动电机采用交流电机时）供电；驱动电机带动车轮，从而实现整车行驶。

2. 氢燃料电池汽车不同运行状态能量流分析

氢燃料电池与动力电池并联混合动力汽车有三种供能模式：氢燃料电池单独供电、动力电池单独供电、氢燃料电池和动力电池并联供电。在能量管理系统的操控下，三种供能模式之间可以进行切换。为了保证动力电池组的耐久性和可靠性，当SOC值低于30%时，禁止放电，当SOC值高于80%时，禁止充电，动力电池的SOC值影响着供能模式的切换。另外，整车运行过程中，如果动力电池组的SOC值偏低，氢燃料电池可以在线给其充电。

电动汽车不同的运行状态对应着不同的需求功率，需求功率大的时候，氢燃料电池和动力电池都是主能量流；需求功率较小时，氢燃料电池为主能源，动力电池组为辅助能源；需求功率为负时，动力电池组吸收回馈的能量。

下面结合电动汽车的起步、加速、巡航、滑行、制动等不同的运行状态，分析动力系统的能量流向。图 2-12~图 2-18 中的字母 FC 代表氢燃料电池系统，BA 代表动力电池组，DC 代表 DC/DC 变换器，M 代表电机控制器，粗实线代表直流母线，带箭头的直线代表能量流动路径及方向。

电动汽车起步工况，氢燃料电池系统未启动，无法输出功率，需要由动力电池组提供氢燃料电池辅助发电装置的启动能量，启动氢燃料电池系统发电。此时的能量流如图 2-12 所示。

待氢燃料电池系统启动成功后，可以给直流母线供能。此时，若动力电池组的 SOC 值低于 30%，氢燃料电池在驱动电机运行的同时，需要给动力电池组进行充电，此时的能量流如图 2-13 所示；若动力电池组的 SOC 值不低于 30%，氢燃料电池与动力电池组同时驱动电机运行，此时的能量流如图 2-14 所示。

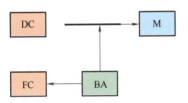

图 2-12　电动汽车起步工况能量流

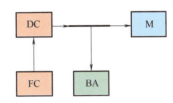

图 2-13　动力电池组的 SOC 值低于 30%的能量流

电动汽车处于加速或爬坡工况时，需求功率增大，氢燃料电池和动力电池都输出大电流，都是主能量流，此时能量流如图 2-14 所示。

电动汽车处于巡航状态时，驱动电机的需求功率小而稳定，能量全部由氢燃料电池提供，若此时动力电池的 SOC 小于 80%，则氢燃料电池给动力电池充电，动力电池的功率补偿为负，能量流如图 2-13 所示；否则，动力电池的功率补偿为零，能量流如图 2-15 所示。

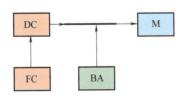

图 2-14　动力电池组的 SOC 值
不低于 30%的能量流

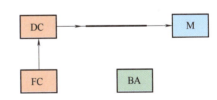

图 2-15　动力电池的功率补偿为零时的能量流

电动汽车处于滑行工况时，驱动电机的需求功率为零。若此时，动力电池组的 SOC 小于 80%，则氢燃料电池在向驱动电机输出能量的同时向动力电池组充能，能量流如图 2-16 所示；否则，系统不允许氢燃料电池向动力电池组充电，能量流如图 2-17 所示。

电动汽车处于制动工况时，驱动电机向直流母线回馈制动能量，氢燃料电池向驱动电机的输出功率为零。此时，若动力电池组的 SOC 小于 80%，可以回收制动能量，能量流如图 2-18 所示；否则，制动回馈能量无法被吸收，能量管理系统需要对行车曲线进行调整，此时的能量流如图 2-17 所示。

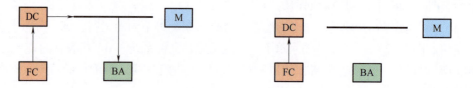

图 2-16　动力电池组的 SOC 小于 80％的能量流　　图 2-17　不允许向动力电池组充电时的能量流

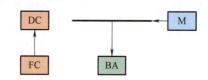

图 2-18　动力电池组的 SOC 小于 80％的能量流

参 考 文 献

［1］何洪文. 电动汽车原理与构造［M］. 北京：机械工业出版社，2016.

［2］周开勤. 机械零件手册［M］. 4 版. 北京：高等教育出版社，1997.

［3］攸连庆，李岩，邢涛. 燃料电池汽车研究现状与动力总成方案解析［J］. 汽车与配件，2019（1）：52-55.

［4］武小花，邹佩佩，傅家豪，等. 燃料电池电动汽车动力系统能量管理策略研究进展［J］. 西华大学学报（自然科学版），2020，39（4）：89-96.

第 3 章　氢燃料电池汽车检测标准及测试装备

3.1　氢燃料电池汽车标准体系

按照《中华人民共和国标准化法》的定义：标准，是指农业、工业、服务业以及社会事业等领域需要统一的技术要求。而国家标准 GB/T 3935.1—1996《标准化和有关领域的通用术语 第一部分：基本术语》中对标准的定义是：为在一定范围内获得最佳秩序，对活动或其结果规定共同的和重复使用的规则、导则或特性的文件。该文件经协商一致制定并经一个公认机构的批准。它以科学、技术和实践经验的综合成果为基础，以促进最佳社会效益为目的。从以上这些定义中不难看出，标准不仅是规范市场经济客体的规则，还是国民经济和社会发展的重要技术支撑，以及企业和产品参与市场竞争的制高点。

标准按照使用范围划分包括国家标准、行业标准、地方标准、团体标准和企业标准。表 3-1 列出了上述标准类型的含义。

表 3-1　氢燃料电池汽车标准体系

标准分级	含义
国家标准	国家标准是指对我国经济技术发展有重大意义、必须在全国范围内统一的标准。对需要在全国范围内统一的技术要求，应当制定国家标准。我国国家标准由国务院标准化行政主管部门编制计划和组织草拟，并统一审批、编号和发布。国家标准在全国范围内适用，其他各级标准不得与国家标准相抵触。国家标准一经发布，与其重复的行业标准、地方标准相应废止，国家标准是标准体系中的主体
行业标准	行业标准是指没有推荐性国家标准、需要在全国某个行业范围内统一的技术要求。行业标准是对国家标准的补充，是在全国范围的某一行业内统一的标准。行业标准在相应国家标准实施后，应自行废止
地方标准	地方标准是指在国家的某个地区通过并公开发布的标准。对没有国家标准和行业标准而又需要为满足地方自然条件、风俗习惯等特殊技术要求，可以制定地方标准。地方标准由省、自治区、直辖市人民政府标准化行政主管部门编制计划，组织草拟，统一审批、编号、发布，并报国务院标准化行政主管部门和国务院有关行政主管部门备案。地方标准在本行政区域内适用。在相应的国家标准或行业标准实施后，地方标准应自行废止

（续）

标准分级	含义
团体标准	社会团体可在没有国家标准、行业标准和地方标准的情况下，制定团体标准，快速响应创新和市场对标准的需求，填补现有标准空白。国家鼓励社会团体制定严于国家标准和行业标准的团体标准，引领产业和企业的发展，提升产品和服务的市场竞争力。团体标准编号依次由团体标准代号（T）、社会团体代号、团体标准顺序号和年代号组成。团体标准编号中的社会团体代号应合法且唯一，不应与现有标准代号相重复，且不应与全国团体标准信息平台上已有的社会团体代号相重复
企业标准	企业标准是对企业范围内需要协调、统一的技术要求、管理要求和工作要求所制定的标准。国家支持在重要行业、战略性新兴产业、关键共性技术等领域利用自主创新技术制定团体标准、企业标准。企业产品标准的要求不得低于相应的国家标准或行业标准的要求。企业标准由企业制定，由企业法定代表人或法定代表人授权的主管领导批准、发布。企业产品标准应在发布后30日内向政府备案

　　我国氢能与燃料电池领域建立了相对完善的标准体系，相关技术标准体系框架如图3-1和图3-2所示。相关主要标准的制定和修订工作主要由3个标委会牵头展开，包括全国燃料电池及液流电池标准化技术委员会（SAC/TC342）、全国氢能标准化技术委员会（SAC/TC309）、全国汽车标准化技术委员会（SAC/TC114）电动汽车分标委燃料电池工作组。其他相关的标委会还包括全国气瓶标准化技术委员会（SAC/TC31）、全国通信标准化技术委员会（SAC/TC485）、全国工业车辆标准化技术委员会（SAC/TC332）等。相关标委会之间建立了稳固的协调和沟通机制，确保了关联标准的有效衔接和协调。

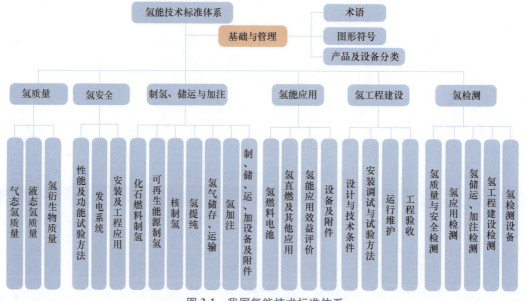

图 3-1　我国氢能技术标准体系

　　目前，我国燃料电池领域相关的标准主要由燃料电池及液流电池标委会、汽标委电动汽车分标委燃料电池工作组等牵头制定，已制定和修订了包含燃料电池术语及通用技术、燃料电池材料及核心部件技术、燃料电池动力/发电系统技术条件及测试方法、环境适应性及可靠性、安全性等多个标准。我国氢能领域相关的标准主要由氢能标委会、气瓶标委会等牵头制定，已制定和修订了包含氢术语及技术、氢气品质、氢安全及加氢站、氢设施与设备、氢测评等多个标准。

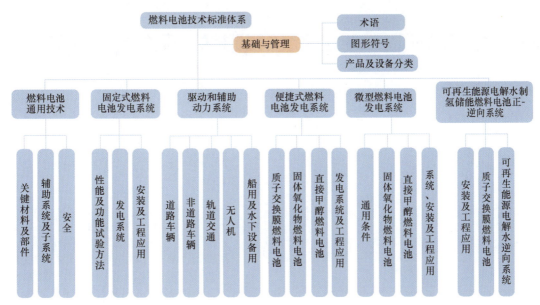

图 3-2　我国燃料电池技术标准体系

　　燃料电池汽车标准体系有多种分类方法，一种比较常见的分类方式是根据标准主体对象的不同分为整车测试标准、系统及部件测试标准、电池堆模块测试标准、核心材料测试标准、氢气相关测试标准及其他标准（如术语标准）。国家标准是我国标准体系中的主体，表 3-2 列出了截至本书成稿时，燃料电池汽车相关的主要国家标准。

表 3-2　氢燃料电池汽车标准体系

对象范围	标准编号	标准名称	简述
术语，以各种专用术语为对象所制定的标准	GB/T 20042.1—2017	质子交换膜燃料电池 术语	界定了质子交换膜燃料电池技术及其应用领域内使用的术语和定义，适用于各种类型的质子交换膜燃料电池
材料，主要有用于制造氢燃料电池堆及其他核心部件的材料，包括质子交换膜、电催化剂、膜电极、双极板及碳纸等，测试的内容偏向于材料本身的物理化学性质和性能	GB/T 20042.3—2009	质子交换膜燃料电池 第 3 部分：质子交换膜测试方法	规定了质子交换膜燃料电池用质子交换膜测试方法的术语和定义、厚度均匀性测试、质子传导率测试、离子交换当量测试、透气率测试、拉伸性能测试、溶胀率测试和吸水率测试等，适用于各种类型的质子交换膜
	GB/T 20042.4—2009	质子交换膜燃料电池 第 4 部分：电催化剂测试方法	规定了质子交换膜燃料电池电催化剂测试方法的术语和定义、铂含量测试、电化学活性面积测试、比表面积、孔容、孔径分布测试、形貌及粒径分布测试、晶体结构测试、催化剂堆密度测试以及单电池极化曲线测试等，适用于各种类型的质子交换膜燃料电池铂基催化剂
	GB/T 20042.5—2009	质子交换膜燃料电池 第 5 部分：膜电极测试方法	规定了质子交换膜燃料电池膜电极（MEA）测试方法的术语和定义、厚度均匀性测试、铂担载量测试、单电池极化曲线测试、透氢电流密度测试、活化极化过电位及欧姆极化过电位测试、电化学活性面积测试，适用于各种类型的质子交换膜燃料电池

（续）

对象范围	标准编号	标准名称	简述
材料，主要有用于制造氢燃料电池堆及其他核心部件的材料，包括质子交换膜、电催化剂、膜电极、双极板及碳纸等，测试的内容偏向于材料本身的物理化学性质和性能	GB/T 20042.6—2011	质子交换膜燃料电池 第6部分：双极板特性测试方法	规定了质子交换膜燃料电池双极板特性测试方法的术语和定义、双极板材料的气体致密性测试、抗弯强度测试、密度测试、电阻测试和腐蚀电流密度测试等；双极板部件的气体致密性测试、阻力降测试、面积利用率测试、厚度均匀性测试、平面度测试、重量测试和电阻测试等，适用于各种类型的质子交换膜燃料电池用双极板材料和部件
	GB/T 20042.7—2014	质子交换膜燃料电池 第7部分：碳纸特性测试方法	给出了质子交换膜燃料电池碳纸特性测试方法的术语和定义、厚度均匀性测试、电阻测试、机械强度测试、透气率测试、孔隙率测试、表观密度测试、面密度测试、粗糙度测试和测试报告，适用于质子交换膜燃料电池用各种类型的碳纸
电池堆，是氢燃料电池汽车动力系统中最为核心的部件，对其的测试评价主要包括性能、环境适用性及安全性、可靠性、耐久性等方向	GB/T 20042.2—2008	质子交换膜燃料电池 电池堆通用技术条件	规定了质子交换膜燃料电池堆（包括直接醇类燃料电池堆）的安全、性能的基本要求，型式试验、例行检验的项目、试验方法以及标识与说明文件等方面的要求，适用于质子交换膜燃料电池堆（包括直接醇类燃料电池堆）
	GB/T 29838—2013	燃料电池模块	提出了燃料电池模块安全和性能最低要求，适用于碱性、聚合物电解质、磷酸、熔融碳酸盐、固体氧化物及电解液电解质燃料电池模块
	GB/T 31035—2014	质子交换膜燃料电池电堆低温特性试验方法	规定了低温（0℃以下）条件下，质子交换膜燃料电池堆的通用安全要求、试验条件、试验仪器精度、低温试验前的例行试验及低温试验方法和试验报告，适用于质子交换膜燃料电池堆低温（0℃以下）条件下的存储、启动、工作性能的试验
	GB/T 33978—2017	道路车辆用质子交换膜燃料电池模块	规定了道路车辆用质子交换膜燃料电池模块的要求、试验设备、试验方法、检验规则及标识、包装、运输和储存等，适用于道路车辆用质子交换膜燃料电池模块
	GB/T 36288—2018	燃料电池电动汽车 燃料电池堆安全要求	规定了燃料电池电动汽车用燃料电池堆在氢气安全、电气安全、机械结构等方面的安全要求，适用于车用质子交换膜燃料电池堆
	GB/T 38914—2020	车用质子交换膜燃料电池堆使用寿命测试评价方法	规定了车用质子交换膜燃料电池堆的使用寿命测试和计算方法，适用于道路车辆和非道路车辆用质子交换膜燃料电池堆的寿命测试和评价

对象范围	标准编号	标准名称	简述
氢安全，主要是氢燃料电池汽车的车载氢系统及加氢口的技术要求，偏向于考虑安全可靠性	GB/T 26779—2021	燃料电池电动汽车加氢口	规定了氢燃料电池电动汽车加氢口的定义、型式、要求、试验方法、检验规则，适用于使用压缩氢气为工作介质，工作压力不超过 70MPa 的氢燃料电池电动汽车
	GB/T 26990—2011	燃料电池电动汽车 车载氢系统 技术条件	规定了氢燃料电池电动汽车的车载氢系统的技术条件，适用于使用压缩氢气作为燃料的氢燃料电池电动汽车
	GB/T 29126—2012	燃料电池电动汽车 车载氢系统 试验方法	规定了氢燃料电池电动汽车的车载氢系统的试验方法，适用于使用压缩氢气作为燃料的氢燃料电池电动汽车
	GB/T 34425—2017	燃料电池电动汽车 加氢枪	规定了氢燃料电池电动汽车加氢枪的定义、要求和试验方法，适用于使用压缩氢气为工作介质的氢燃料电池电动汽车加氢枪
	GB/T 37244—2018	质子交换膜燃料电池汽车用燃料氢气	规定了质子交换膜燃料电池汽车用燃料氢气的术语和定义、氢气纯度、氢气中杂质含量要求及其分析试验方法等，适用于聚全氟磺酸类质子交换膜燃料电池汽车用燃料氢气的品质要求
	GB/T 34872—2017	质子交换膜燃料电池供氢系统技术要求	规定了质子交换膜燃料电池供氢系统的技术要求、试验方法、标识、包装及运输，适用于质子交换膜氢燃料电池提供氢气的系统，按照储氢的化学形态不同可分为： 1）以气态单质形式储存氢气的质子交换膜燃料电池供氢系统，即将氢气存储于储氢容器直接为燃料电池供应氢气的系统，包括下列单体设备或装置：储氢容器、氢气管路、截止阀、减压阀、压力释放装置、换热装置、监测装置和其他附属装置等 2）以化合物形式储存氢气的质子交换膜燃料电池供氢系统，即利用产氢物质，主要有金属储氢化合物、液态有机储氢化合物、氨类储氢化合物、甲醇、液态水等，通过物理或化学过程制备氢气，实现向燃料电池供应氢气的系统，包括下列装置：制氢反应装置、防护罩/外壳、散热器、氢气纯化装置、气体缓冲装置、管路、监测装置和其他附属装置等

（续）

对象范围	标准编号	标准名称	简述
燃料电池系统，是将化学能转化为可利用的电能的集成体，对其的测试评价主要包括性能、环境适用及安全性可靠性耐久性及经济性等方向	GB/T 23645—2009	乘用车用燃料电池发电系统测试方法	规定了乘用车用燃料电池发电系统测试方面的术语和定义、测试用仪器仪表精度的要求、试验前准备工作及试验条件和性能试验方法
	GB/T 23751.1—2009	微型燃料电池发电系统 第1部分：安全	适用于便携式的、输出直流电压不超过60V、输出功率不超过240W的微型燃料电池发电系统、动力单元和燃料容器
	GB/T 23751.2—2017	微型燃料电池发电系统 第2部分：性能试验方法	提供了用于便携式计算机、手机、掌上电脑、家用无线电器、电视广播摄像机以及自主型机器人等微型燃料电池发电系统的性能评价的试验方法
	GB/T 25319—2010	汽车用燃料电池发电系统 技术条件	规定了汽车用质子交换膜燃料电池发电系统的术语与符号、要求、试验方法、检验规则和标识、说明和技术文件，适用于汽车用质子交换膜燃料电池发电系统
	GB/T 28183—2011	客车用燃料电池发电系统测试方法	规定了客车用燃料电池发电系统测试方面的术语和定义、技术要求、燃料电池发电系统的测试项目指标、试验过程及测试方法、试验结果整理和试验报告，测试内容包括：燃料电池发电系统密封性测试、常温启动性能测试、工况法性能测试、绝缘性测试和质量测量
	GB/T 33979—2017	质子交换膜燃料电池发电系统低温特性测试方法	规定了低温（0℃以下）条件，质子交换膜燃料电池发电系统的通用安全要求、试验条件、试验平台、低温试验前的例行试验及低温试验方法和试验报告等，适用于以空气为氧化剂的质子交换膜燃料电池发电系统低温（0℃以下）条件的存储、启动、工作性能的试验
	GB/T 34593—2017	燃料电池系统氢气排放测试方法	规定了车用燃料电池系统的氢气排放测试方法，适用于车用质子交换膜燃料电池系统
	GB/T 38954—2020	无人机用氢燃料电池发电系统	规定了无人机用氢燃料电池发电系统的通用要求、技术要求、试验检测要求，以及标志、包装和运输要求，适用于以压缩氢气为燃料，为空载重量不超过116kg且最大起飞重量不超过150kg的无人机提供动力和非动力用电的燃料电池发电系统

（续）

对象范围	标准编号	标准名称	简述
氢燃料电池汽车，相比传统燃油汽车和动力电池驱动汽车，主要在安全要求和能源的特殊性（氢气）方面进行专门性的测试	GB/T 24548—2009	燃料电池电动汽车 术语	规定了与氢燃料电池电动汽车相关的术语及其定义，适用于使用气态氢的氢燃料电池电动汽车整车及部件
	GB/T 24549—2020	燃料电池电动汽车安全要求	规定了氢燃料电池电动汽车特有的燃料系统、氢燃料电池系统、动力电路系统、功能、故障防护和碰撞等方面的安全要求，适用于使用气态氢的氢燃料电池电动汽车整车及部件
	GB/T 24554—2009	燃料电池系统性能试验方法	规定了氢燃料电池系统启动特性、稳态特性、动态响应特性、气密性检测、绝缘电阻检测等试验方法，适用于车用质子交换膜燃料电池系统
	GB/T 26991—2011	燃料电池电动汽车 最高车速试验方法	规定了氢燃料电池混合动力电动汽车最高车速的试验方法，适用于使用压缩氢气的氢燃料电池混合动力电动汽车
	GB/T 29123—2012	示范运行氢燃料电池电动汽车技术规范	规定了进行示范运行的压缩氢气氢燃料电池电动汽车的术语和定义、实施示范运行的基本条件、运行中危害的预防、汽车的启动、停放与存放、氢燃料的加注、意外事故的处理预案与培训、行驶等，适用于在指定道路上进行示范运行的压缩氢气氢燃料电池电动汽车
	GB/T 29124—2012	氢燃料电池电动汽车示范运行配套设施规范	规定了压缩氢气氢燃料电池电动汽车示范运行配套设施的术语和定义、实施示范运行的基本条件、基本要求、加氢站（车）及氢燃料的加注、停车场所与维修车间的相关规范等，适用于氢燃料电池电动汽车示范运行相配套的加氢站、停车场所和维修车间
	GB/T 35178—2017	燃料电池电动汽车 氢气消耗量测量方法	规定了氢燃料电池电动汽车氢气消耗量的测量方法，适用于使用压缩氢气的氢燃料电池电动汽车
	GB/T 37154—2018	燃料电池电动汽车 整车氢气排放测试方法	规定了氢燃料电池电动汽车整车氢气排放测试方法，适用于使用压缩氢气的（M 类、N 类）氢燃料电池电动汽车
	GB/T 39132—2020	燃料电池电动汽车定型试验规程	规定了氢燃料电池电动汽车新产品设计定型试验的实施条件、试验项目、试验方法、判定依据、试验程序和试验报告的内容，适用于使用压缩气态氢的氢燃料电池电动汽车

3.2 维护保障及测试评价相关标准

氢燃料电池汽车的维护保障尚无统一的国家标准,目前主要的标准有上海市地方标准《氢燃料电池汽车运行安全及维护保障技术规范》。另外,上海市在电动车领域的地方标准 DB31T 634—2020《电动乘用车运行安全和维护保障技术规范》也可供参考。

《氢燃料电池汽车运行安全及维护保障技术规范》规定了在上海市范围内销售、注册的氢燃料电池汽车应满足的运行安全及维护保障技术要求、限值规定和试验方法。其中包括安全运行的基本条件、车辆运行中的安全要求,以及车辆的停放、氢气加注、意外事故的处理预案与培训、氢燃料电池系统及车载氢系统的维护保养和报废等。

《氢燃料电池汽车运行安全及维护保障技术规范》填补了氢燃料电池汽车维护保障方面技术标准的空白,为大规模示范运行的氢燃料电池汽车提供了本质安全要求规范、监控方法及检测规则,还可以为运营中的维护保障技术和人员提供切实可行的服务体系依据、应急保障方法及救援规范。此外,标准的制定有利于规范和完善氢燃料电池汽车产业发展环境,推进氢燃料电池汽车商业化应用。

除此以外,中国汽车工业协会(CAAM)也在氢燃料电池汽车相关的测试评价方向公布了多项团体标准,对象囊括了整车、系统、系统零部件、电池堆、电池堆零部件、供氢系统等,见表3-3。

表3-3 氢燃料电池汽车相关的测试评价团体标准

序号	进展	团体标准名称
1	已发布	质子交换膜燃料电池膜电极评价方法
2	已发布	燃料电池专用空压机性能测试方法
3	已发布	燃料电池车用 DC/DC 变换器
4	已发布	燃料电池车载供氢系统振动试验技术要求
5	已发布	燃料电池系统工厂设计规范
6	已发布	燃料电池用空气压缩机耐久性试验方法
7	已发布	燃料电池系统工况耐久试验方法
8	已立项	燃料电池汽车高压氢气加注技术标准(70MPa)
9	已立项	质子交换膜燃料电池密封元件测试方法
10	已立项	质子交换膜燃料电池金属双极板测试方法
11	已立项	燃料电池系统用氢气循环泵性能测试规范
12	已立项	燃料电池系统振动试验规范
13	已立项	燃料电池系统增湿器性能测试规范
14	已立项	车用质子交换膜燃料电池发电系统使用寿命测试评价方法
15	已立项	氢燃料汽车碰撞后安全要求
16	已立项	质子交换膜燃料电池膜电极极化曲线测试方法
17	已立项	加氢站用铝内胆碳纤维全缠绕储氢容器组
18	已立项	撬装式加氢装置验收细则
19	已立项	燃料电池电动汽车车载储氢系统
20	已立项	高压氢气加注系统用拉断阀性能测试方法
21	已立项	质子交换膜燃料电池用膜电极边框制品测试标准
22	已立项	质子交换膜燃料电池用气体扩散层压缩特性测试方法

3.3 氢燃料电池汽车测试的特点

氢燃料电池汽车与混合动力汽车、纯电动汽车存在结构差异，体现在储能系统、驱动系统、能源补充方式及电气系统等方面，因此氢燃料电池汽车的测试有其自身的特点。

3.3.1 涉氢安全性

众所周知，氢气具有易燃易爆的特点，国家将氢气列为危险化学品进行管制。尽管近期国家将其归类为能源，但由于其易扩散、燃爆范围宽等特性，国家在生产、使用等各环节，针对其实验室建设、运行过程均制定了严格的安全管理要求。因此，在进行氢燃料电池汽车相关的涉氢试验中，测试的整个过程要符合用氢安全的规定，具体包括：

1）实验室需要采用防爆泄爆设计，试验设备必须为涉氢防爆设备。

2）室内具有强排风功能，避免氢气在顶部聚集。

3）试验人员需穿着防静电服装，进入试验区域前需去除身上静电，使用的工具需要避免静电产生。

4）需要关注氢气管路的泄漏状况，定时使用设备测量氢气管路接口及可能发生氢气泄漏处的氢气浓度。

总之，涉氢安全是氢燃料电池汽车测试最重要的特点，关系到生命财产安全，需时刻注意。

3.3.2 氢电耦合特性

我国现阶段几乎所有的氢燃料电池汽车均配备有动力电池，与氢燃料电池系统共同作为车辆的供能装置，由此带来了氢能和电能对车辆的贡献比的问题，尤其体现在车辆续驶里程、氢气排放、氢气消耗等一系列的测试项目中。此时需要对于两者输出的电流、电压和功率进行分别的采集，这在一个集成度较高的动力总成中属于难度较高的部分。

3.3.3 其他特性

氢燃料电池汽车测试还具有以下特性：

1）经济性方面的特点。一个简单的例子是氢气的排放和消耗。氢燃料电池汽车除了要测试整车纯电模式下的电耗以外，还要对氢燃料电池启动情况下的氢耗进行测试。而氢耗测试的方法各不相同，有压力温度法、质量分析法、质量流量法，目前国内常用的方法是质量流量法，同时对氢耗的测试还要考虑行车工况和环境的影响。氢气消耗量分为理论消耗量和实际消耗量，两者的比值反映了电池堆的燃料反应效率，燃料反应效率越高，说明氢燃料电池的氢气尾气排放量越少，才能保障氢气的安全排放。氢气排放既反映了氢燃料电池汽车的经济性，也关系到整车安全性。

2）安全性方面的特点。氢燃料电池汽车车载氢系统的安全非常重要。除了车载氢系统的结构可靠性以外，车载氢系统的碰撞安全也需要引起重视，可通过侧翻试验，检测车载氢系统的结构安全性，为车辆碰撞安全设计提供参考。

3）环境适应性方面的特点。例如，在低温条件下，氢燃料电池堆内部残留水凝结会阻碍气液传输，同时膜电极冻结也会破坏电池堆内部微观结构，既影响寿命又影响性能。在关注零部件能否冷启动的同时，也应关注在整车冷启动的过程中，启动时间、能耗及氢气排放等重要指标。

4）行驶特性方面的特点。这方面主要包括噪声、制动性能、平顺性、操作稳定性及可靠性。例如，噪声测试中，空压机是氢燃料电池系统主要的噪声源，需要对其进行噪声测试。

3.4 氢燃料电池汽车及系统实验室

氢燃料电池汽车实验室具有氢燃料电池动力系统测试和氢燃料电池整车测试能力，可以归纳为聚焦产品研发过程服务的研发实验室，及检测认证实验室。

1. 研发实验室

研发实验室是针对一些需要经过研究开发工作才能解决的问题设立的实验室，包括化学合成、反应机理、生产工艺、优化方案、检测方法、效果验证等方面。相比于检测类实验室，研发实验室功能需求不一定更多，但具有很大的不确定性，随着研发进度和内容的变化，功能需求也会变化，因此实验室功能更为丰富灵活。

2. 检测认证实验室

检测认证实验室是指对给定的产品、材料、设备等按照规定的程序确定一种或多种特性或性能并以检测报告形式给出检测结果的技术机构。在氢燃料电池汽车领域，检测认证的方向主要有安全性、能耗、动力性、EMC（电磁兼容）及 NVH 五个方面，如图 3-3 所示。检测认证实验室举例见表 3-4。

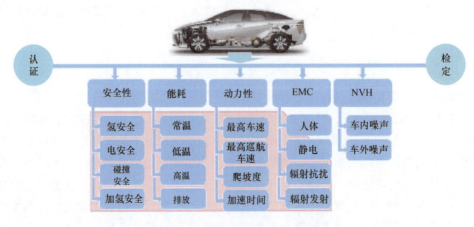

图 3-3　氢燃料电池系统测试项目

表 3-4　检测认证实验室举例

检测认证内容	实验室举例
安全性	氢安全实验室、电安全实验室、碰撞实验室
能耗	能耗实验室、排放实验室
动力性	动力性实验室、动力性试验场
EMC	EMC 实验室
NVH	NVH 实验室

3.5　氢燃料电池汽车测试装备

根据被检测对象的不同，氢燃料电池汽车测试装备主要分为整车测试装备、氢燃料电池系统测试装备、氢燃料电池堆测试装备、氢燃料电池系统其他部件测试装备、车载氢系统及氢安全测试装备等，见表 3-5。部分装备可横跨多种检测对象。

表 3-5　测试装备举例

被检测对象类型	装备案例
整车测试装备	四驱底盘测功机/两驱底盘测功机、整车温湿度环境舱、整车氢气排放测试系统
氢燃料电池系统测试装备	氢燃料电池测试台架、IP 防护测试系统、数据采集系统、系统温湿度环境舱
氢燃料电池堆测试装备	氢燃料电池堆测试系统
氢燃料电池系统其他部件测试装备	氢气子系统测试台架、空气子系统测试台架
车载氢系统及氢安全测试装备	三综合振动冲击试验系统、加氢口试验系统

3.5.1　整车测试装备

整车测试设备主要负责测试整车的动力性、经济性。其主要测试项目包括：整车氢气排放试验、整车氢气消耗量测量试验、整车续驶里程试验、重型商用车辆燃油消耗试验、整车气体排放试验、整车热平衡试验、整车 OBD 测试试验、整车 $-40\,℃\sim60\,℃$ 高低温性能测试试验、高低温适应性试验。

整车测试设备主要包括四驱/两驱底盘测功机（图 3-4）和整车温湿度环境舱等。其中，整车温湿度环境舱主要由环境舱舱体、控制台以及除湿机、冷却水管路等组成（图 3-5）。

对整车温湿度环境舱的测试能力要求如下：①满足 GB/T 2423.22—2012 中持续温度下被测物体的状态观察要求；②可控温进行任意车型整车高低温存储和低温冷启动试验能力；③满足 T/CSAEXX—2019《燃料电池电动汽车　低温冷启动性能试验方法》试验要求。

整车温湿度环境舱的典型试验是整车高低温试验。具体方法如下：

31

图 3-4　四驱底盘测功机和两驱底盘测功机

a) 环境舱舱体

b) 控制台

c) 除湿机

d) 冷却水管路

图 3-5　整车温湿度环境舱

（1）试验前要求

1）做温度条件时保证冷却循环水开启，做湿度条件时确保纯水供应。

2）确认制冷机组油压位置高于刻度线。

3）如果装备了水净化器，根据加湿锅炉个数调整开机时间，以保证补水正常。净水装置必须在 ON 的情况下才开始工作，如果水位太低，则可能出现"缺水报警"。

4）检查冷却水状态（水冷型设备）检查供水回水阀是否打开。检查冷却水塔风扇是否运作/检查循环泵是否工作，并清洗过滤器。

（2）试验中要求

1）当试样突然进入高温或高湿状态的箱体，可能产生凝露，这与湿度试验结果将会产生较大的差异。为避免这种情况，要在常温状态下放入试样并且逐渐升高箱体温度，并在试样充分加热后再运行湿度。

2）如果试样在空调室进/回风口，将影响空气循环，极大地影响温湿度的均匀性。如果试样过于靠近传感器，传感器可能被试样产生的热量或自身的热容所影响，引起控制的不稳定。如果放入大量试样，应分散放置，保持空气流通。

3）不要在低温状态下频繁开启步入式箱门，这样会引入大量外部水汽，导致蒸发器大面积结霜，造成制冷能力下降，温度控制受到影响。长期运行也可能出现类似的情况。如果出现这种情况，应将箱门打开，调整设定温度为60℃，将箱内多余水汽排出。

4）进入箱体时，需要根据箱内的实时温度进行方塘防冻的保护措施。

（3）试验结束要求

试验结束后，应填写使用情况，并进行清洁整理工作。若一个星期以内无测试需要关闭总电源。在做完低温试验之后需要将设备加热至60℃保持2h。

3.5.2　氢燃料电池系统测试装备

氢燃料电池系统测试装备如图3-6所示。

1）系统组成：测试台架、电子负载、高压直流电源、低压直流电源。

2）测试能力：氢燃料电池系统的性能测试、低温测试、氢气排放测试等。

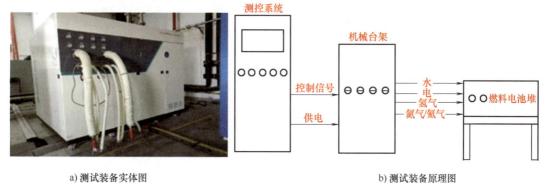

a) 测试装备实体图　　　　　　　　　　　　　　b) 测试装备原理图

图3-6　氢燃料电池系统测试装备

3.5.3　氢燃料电池堆测试装备

电池堆测试装备如图3-7所示。其测试能力包括电池堆活化测试、极化测试、敏感性测试（流量、温度、压力、湿度）、耐久测试；可依据GB/T20042.2—2008、GB/T 38914—2020等标准进行测试。

3.5.4　氢燃料电池系统其他部件测试装备

（1）氢气系统测试装备

1）装备组成：增压模块、减压模块、环境舱、流量计模块、氢气循环泵测试装备（图3-8）。

2）测试能力：针对氢燃料电池系统的氢气子系统及零部件进行测试，测试对象包括减压阀、加氢口、瓶口阀、单向阀、加氢管路等。

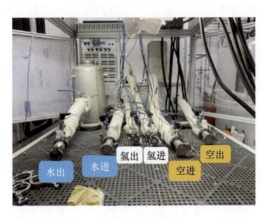

图 3-7　电池堆测试装备

（2）空气系统测试装备

1）装备组成：压缩空气供应模块、冷却水供应回路、电池堆阴极模拟器、安全监测报警模块、冷却水供应回路、氢气供应模块（图 3-9）。

图 3-8　氢气系统测试装备

图 3-9　空气系统测试装备

2）测试功能：针对氢燃料电池系统的空气子系统及零部件进行测试，测试对象包括空压机、中冷器、增湿器、背压阀、传感器及控制系统等。

3.5.5　车载氢系统及氢安全测试装备

（1）三综合振动试验系统

1）组成部件：水平振动台、垂直振动台、环境舱、冷却水箱、油泵、功率放大器、控制装置（图 3-10）。

2）测试能力：样品的随机振动、冲击试验、定频振动、扫频试验等。

3）典型试验：氢系统冲击试验采用标准 GB/T 26990—2023《燃料电池电动汽车 车载氢系统 技术条件》，先将试验样品安装在水平（垂直）振动台面上，随后贴上传感器，设置加速度 $8g$，脉冲宽度 $15ms$，打开油泵和冷却水，打开功率放大器并旋转增益按钮，点击运行开始试验；试验过程中操作人员应和振动台保持安全距离；试验结束后，观察样品有无损坏，测量检查储氢容器与固定座的相对位移。

（2）加氢口试验系统

1）组成部分：液静压强度试验台、气密耐久性试验台、耐氧老化试验台、相容性试验台、振动试验台（图 3-11～图 3-15）。

2）测试能力：符合标准 GB/T 26779—2021《燃料电池电动汽车 加氢口》的要求。

图 3-10　三综合振动试验系统

图 3-11　液静压强度试验台

图 3-12　气密耐久性试验台

图 3-13　耐氧老化试验台

图 3-14　相容性试验台

图 3-15　振动试验台

第4章 氢燃料电池系统故障检测与维修

氢燃料电池系统主要由氢燃料电池模块、氢气供应系统、空气供应系统、水热管理系统、控制系统等子系统和部件组成。

4.1 氢燃料电池系统基础

根据 GB/T 24548—2009《燃料电池电动汽车 术语》中的定义，氢燃料电池系统包括氢燃料电池堆和氢燃料电池辅助系统，在外接氢源的条件下可以正常工作；氢燃料电池堆由多个单体电池、端板、冷却板、歧管等构成，容纳氢气和空气进行电化学反应生成直流电，同时产生热、水等其他副产物；氢燃料电池辅助系统包括空气供应系统、燃料供应系统（或氢气供应系统）、水热管理系统、控制系统、安全保障系统等。典型的氢燃料电池系统包括：

1）氢燃料电池模块，包括氢燃料电池堆、集成外壳、轧带、固定螺杆、CVM（实时监测每一节单体电池电压的部件）等。

2）氢气供应系统，包括氢气循环泵、氢气引射器或其他氢气控制装置、减压装置、储氢设备等。

3）空气供应系统，包括空气滤清器、消声装置、空气压缩机、中冷器、增湿器等。

4）水热管理系统，包括冷却泵、去离子器、PTC 等，不包括辅助散热组件、散热器总成、水箱、冷却液及加湿用水。

5）控制系统，包括控制器、传感器、执行机构、通信网络等。

6）组成氢燃料电池系统所必需的阀件、管路、线束、密封件、接头和框架等。

通过以上模块可以组成一个完整的氢燃料电池系统（图4-1）。

通俗讲，可以把氢燃料电池系统理解成一种发电装置，它的作用是将燃料的化学能通过电池堆内部的化学反应转化成电能，然后利用电能带动电机工作，由电机带动汽车中的机械传动结构，进而带动汽车的驱动桥等行走机械结构工作，从而驱动电动汽车前进。

4.1.1　氢燃料电池系统基本工作原理

氢燃料电池系统是将氢气和氧气的化学能直接转换成电能的发电装置，其核心零件是电池堆，电池堆正常工作需要匹配空气供应系统、氢气供应系统、散热系统、电气控制系统等。

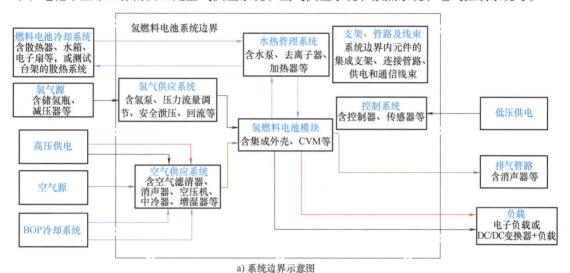

a) 系统边界示意图

b) 系统结构示意图

图 4-1　氢燃料电池系统

空气通过空气过滤器进入空压机，经过空压机升压后进入中冷器进行降温，再通过增湿器对空气进行加湿，最后进入氢燃料电池堆。氢气是存储在供氢系统的储氢罐中的，经过减压装置进入到氢燃料电池电堆。氢气和氧气反应后生成水、电和热，反应产生的热量由散热器散热，产生的电通过 DC/DC 变换器升压后与整车电压匹配，给电机及电器部件供电，或者给动力电池充电。反应生成的水随着反应剩余的空气以及未完全反应的微量的氢气一起排放到大气中。此外系统还需要低压直流（常见的有 5V、12V、24V 和 48V）供电平台为低压部件供电，控制器根据不同的工况通过 CAN 对系统零部件进行控制，并且与整车控制系统进行信息交互。

因为电池堆内部是氢氧发生化学反应，因此反应后的尾气是不会造成环境污染的，可以直接排放至大气中。反应后的一部分氢气尾气在排放过程中经气液分离、热交换器后由氢气循环泵（或引射器）混合新鲜氢气作为燃料进入电池堆，因此可提高氢气的利用率，从而提高了氢燃料电池汽车的续航能力。

当氢燃料电池堆大功率或长时间发电运行时，工作温度会逐步上升，为了保持氢燃料电池堆的运行温度在 80℃左右，需要有热管理系统来介入调节。在氢燃料电池汽车运行过程中，使用散热风扇、散热片和水泵等部件来给氢燃料电池系统的冷却液降温，水泵流量和散热风扇的功率大小是根据氢燃料电池系统的发电功率（发电过程中实时约有等同于发电功率一半的热量产生）来随时变化的。由于冷却液贯穿电堆的每一片单体电池，如果在运行过程中冷却液的电导率过大，可能造成电池堆短路，因此热管理系统中通常需要用到去离子器处理冷却液。氢燃料电池堆对气体的湿度要求亦比较严格，因此在空气路入口处常配备增湿器以润湿空气。目前也有电池堆厂商能够通过优化电池堆流场板和气体扩散层设计实现电池堆自增湿，不再需要增湿器。

由于车用氢燃料电池系统的功率需求大，一般需要几十甚至数百千瓦，通常将多个电池堆串联或并联，使之互相连接起来以提高系统输出功率。到目前为止，氢燃料电池系统一直在不断地改进中。

4.1.2 氢燃料电池系统的主要部件

氢燃料电池系统一般由 5 个主要的子系统组成，分别是氢燃料电池堆、氢气循环系统、空气循环系统、水热管理系统以及电控系统。各个系统之间的工作关系如图 4-2 所示，图中仅简单列出了氢燃料电池系统的主要子系统，每个子系统内部所包含的零部件将在后续章节进行详细介绍。

1. 氢燃料电池堆

常见的质子交换膜燃料电池堆是由多片氢燃料电池单体电池串联起来，构成的氢燃料电池堆。氢燃

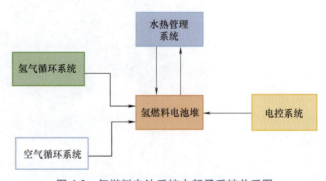

图 4-2　氢燃料电池系统内部子系统关系图

料电池单体电池的串联是通过"双极板"来实现的，双极板的一侧是某一单体电池的阳极，另一侧是相邻单体电池的阴极（一板两极，故称双极板）。利用若干个双极板把每一个单体电池的"阳极-膜电极-阴极"堆叠起来，两端各加一个端板分别作为阳极和阴极板，就形成了一个电池堆。电池堆由多个单体电池以串联方式层叠组合而成。单体电池是由将双极板与膜电极（MEA-催化剂、质子交换膜、碳纸/碳布）组合而成，如图 4-3 所示。若干单体电池

之间嵌入密封件，经前、后端板以指定的压力压紧后用螺杆紧固拴牢，即构成氢燃料电池堆。

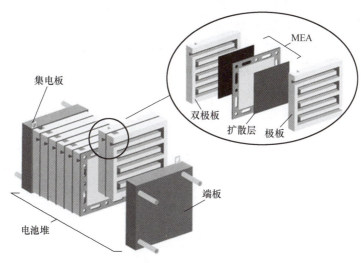

图 4-3　氢燃料电池堆示意图

2. 氢气循环系统

氢气循环系统包括减压阀、调节阀、氢气循环泵和/或氢气引射器等。

氢气循环系统的作用是将从高压气源出来的氢气进行减压、调压后进入氢燃料电池堆内发生反应，电池堆内未反应的氢气再次循环到电池堆的氢气入口，从而提升氢气的利用率及用氢安全。同时，将电池堆内部电化学反应生成的水也循环至氢燃料电池堆的入口，提升电池堆的水润程度。现阶段，常见的氢气循环装置分为主动循环和被动循环两种形式，其中，主动循环形式的关键部件是氢气循环泵，被动循环形式的关键部件是氢气引射器。

氢气循环泵属于氢气循环系统中的一种设计方案，其原理是利用机械增压的方式将未反应的氢气增压后重新输送至阳极（图 4-4）。氢气循环泵本质上是一台低压压缩机。因此，在现有的压缩机结构基础上，针对氢燃料电池开发氢气循环泵是目前解决阳极氢气再循环问题的方案。针对氢气循环泵有多种结构方案，如罗茨式、螺杆式、离心式等。由于氢气循环量较小，采用离心式结构要求转速较高，甚至达 10 万~20 万 r/min，使其转子系统及轴承的

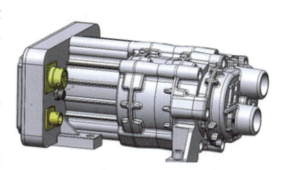

图 4-4　氢气循环泵外形示意图

设计和运行维护较为困难，限制了该结构形式的应用。而容积式结构则具有可靠性高、调节性能好等优点，成为氢气循环泵的研究热点。

氢气循环泵的优点在于适应工况范围较广泛，工作稳定性好，且可提供较高的循环压力；但其在工作过程中会消耗额外的能量，增加能耗，产生噪声。

根据伯努利定理，在水流或气流里，如果速度小，压强就大；如果速度大，压强就小。

氢气引射器就很好地运用了这一定理，与氢气循环泵相比，氢气引射器没有运动部件，节省能耗，不需要额外润滑，振动噪声较小，更加容易开发，也更易于维护。

但氢气引射器的先天缺陷也同样明显。由于氢气引射器是被动吸气循环，一般而言，氢气引射器在进行开发时仅针对氢燃料电池的额定工作点进行设计，而难以覆盖氢燃料电池的全部工况需求，导致的结果就是，当氢燃料电池在较低功率下运行时，引射器的引射效果较差。为弥补该缺陷，国内外均在探索增加移动部件的引射器结构，或与氢气循环泵并联使用。

如图4-5所示，常见的氢气引射器共有三个进、出气口，即高压进气口、中压出气口和低压出气口。

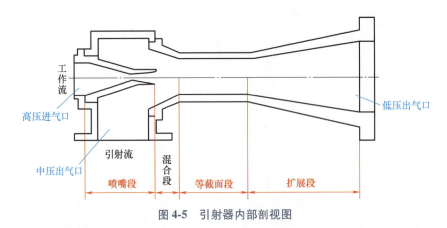

图 4-5　引射器内部剖视图

3. 空气循环系统

氢燃料电池空气循环系统一般包括空气滤清器、消声装置、空气压缩机、中冷器、增湿器等（图4-6）。空压机的工作状况直接影响到氢燃料电池堆的工作情况。质子交换膜燃料电池系统对于空气压力变化最敏感，这是因为增压可以增加氧气量改善水平衡，提高反应薄膜的水合状态。虽然增压可提高氢燃料电池效率，但也需要增加功耗，其耗能可占到电池堆输出能量的20%，所以高效压缩方式可提高电池系统的整体性能。

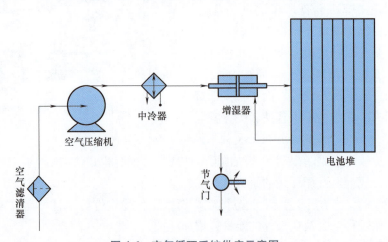

图 4-6　空气循环系统供应示意图

在质子交换膜燃料电池系统中，供气压力约为 $3 \times 10^5 Pa$，流量为 $100 \sim 300 kg/h$，反应产物主要是水；氢燃料电池堆出口气体温度为 $80 \sim 100 ℃$，压力为 $2.8 \times 10^5 Pa$，这部分排出废气还具有较高的可回收能量。为提高燃料电池效率，需用膨胀机来减少压缩机的能量消耗。压缩机所能耗占附件总能耗的 95% 左右，所以降低附件能耗关键是提高供气系统的效率，采用膨胀机回收排放废气能量是一种有效方式。

氢燃料电池的化学反应对空气的温度、湿度、压力和流量等参数有着严格的要求，因此性能优越且与氢燃料电池系统匹配良好的压缩机，对于氢燃料电池系统至关重要。无油、高效、小型化、低成本、低噪声、喘振线在小流量区和良好的动态响应能力等是对氢燃料电池专用空压机的基本要求。

4. 水热管理系统

水热管理系统包括冷却泵、去离子器、PTC 陶瓷发热器等，不包括辅助散热组件、散热器总成、水箱、冷却液及加湿用水。

氢燃料电池热管理系统对氢燃料电池的性能、寿命和安全起着重要作用，因为影响氢燃料电池性能的因素很多，其中温度对电池堆性能的影响很大。氢燃料电池工作时电池堆连续产生热量，如果产生的热量不及时排掉，电池堆温度将逐渐升高。一方面，温度升高可提高催化剂活性，提高质子交换膜上的质子传递速度，从而提高电化学反应速度，反应电流升高，电池堆性能变好。另一方面，由于氢燃料电池堆内部催化剂活性提高，其内部反应生成的水随反应气体排出的速度也会升高。由于水含量会影响质子交换膜的湿润条件，所以温度过高时，质子交换膜会产生脱水现象，电导率下降，电池堆性能变差。另外，由于质子交换膜为聚合物电解质，当温度接近 $100 ℃$ 时，膜的强度将下降，如不及时降温，膜会出现微孔，氢气将通过微孔与空气混合，严重时，可能会造成质子交换膜的击穿，影响运行安全。但是当电池堆内部温度过低时，催化剂活性下降，输出电压降低，电池堆性能变差。在环境温度较低的情况下氢燃料电池面临低温挑战，水暖 PTC 是电池堆在低温冷启动时给冷却液辅助加热的，使冷却液尽快达到需求的温度，缩短氢燃料电池系统冷启动时间。这就好比天气较冷的时候，运动员正式比赛前，先要做好充分的"热身运动"。水暖 PTC 由加热芯体、控制板及壳体组成，其要求是响应快、功率稳定。因此，维持电池堆内部正常电化学反应的最佳工作温度范围应保持在 $70 \sim 80 ℃$，保持电池堆内的热平衡。通常电池堆设定的单体电池工作电压为 $0.60 \sim 0.75 V$，其能量转化效率在 $50\% \sim 60\%$ 区间，为了保证电池堆工作性能，提高电池堆各单体电池反应温度一致性，即电池堆内不同位置的温度分布均匀，一般要保证电池堆冷却水入口和出口温差维持在 $10 ℃$ 以内。所以，该热管理系统一定要实现自动调节来控制氢燃料电池的冷却水温度。这样，合理地选择水泵、节温器、传感器、控制器等零部件搭建热管理系统尤其重要，如图 4-7 所示。

5. 氢燃料电池控制系统

氢燃料电池控制器（FCU）用于实现对氢燃料电池系统的管理控制，涉及各环节的管理、协调、监控和通信，以确保系统可靠和高效地运行（图 4-8）。它的功能包括气路管理、水热管理、电气管理、数据通信和故障诊断等。氢燃料电池控制器需要具备较强的运算处理能力和丰富的资源接口，从而可以在系统运转过程中，有效管理和协调各个参数和控制执行部件，保障氢燃料电池系统长时间安全、稳定地发电。

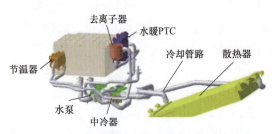

图 4-7 氢燃料电池系统水热管理示意图

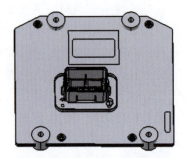

图 4-8 氢燃料电池 FCU 外观示意图

4.2 氢燃料电池系统检测主要方法

氢燃料电池系统在实际装车运行前，需要对系统进行比较全面的测试，主要目的是检测系统的安全性能、动力性能、环境适应性等要求是否达到设计要求。

4.2.1 氢燃料电池系统的安全性能测试

氢燃料电池系统的安全性测试主要包括氢燃料电池系统的气密性测试、绝缘测试、尾排氢气浓度试验。

1. 氢燃料电池系统气密性测试

氢燃料电池系统气密性保压测试主要是检测氢燃料电池系统氢气侧是否漏气，评价系统的密封性能，防止氢气泄漏。

方法：关闭氢燃料电池系统排氢阀，将氢燃料电池系统氢气系统中充满惰性气体（氮气、氩气、氦气，或者氦气浓度不低于 5% 的氦氮混合气），输入压力设定为 50kPa；压力稳定后，关闭氢气的进气阀，保持 20min；用检漏仪检查有无明显漏点。图 4-9 是氢燃料电池系统的保压原理图。

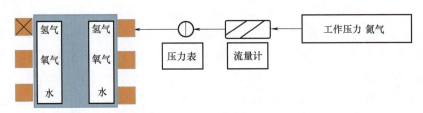

图 4-9 氢燃料电池系统气密性测试保压原理图

2. 氢燃料电池系统绝缘测试

该测试主要是检测氢燃料电池系统的绝缘值，评价系统的高压安全性。

方法：气密性测试通过后，打开系统水泵，用兆欧表（图 4-10）测量氢燃料电池堆正极和负极分别对地的绝缘电阻，绝缘值需满足要求。

3. 氢燃料电池系统尾排氢气浓度试验

氢气在空气中点燃可能发生爆炸，按理论计算，氢气爆炸极限是 4.0%～75.6%（体积浓度），即如果氢气在空气中的体积浓度在 4.0%~75.6% 之间时，遇火源就会爆炸；而当氢气浓度小于 4.0% 或大于 75.6% 时，即使遇到火源，也不会爆炸。氢燃料电池系统在运行过程中会有一部分未反应的氢气从尾部排出，因此需要对氢燃料电池系统的氢气排放进行检测，防止氢气排放过量导致意外发生。

方法：氢燃料电池系统达到热机状态后，回到最低净输出功率，并在最低净输出功率下持续稳定运行 10s；改变目标功率，目标功率在氢燃料电池系统输出功率范围内选取 11 个工况点，11 个工况点分别为 $P_{怠速}$、$10\%P_E$、$20\%P_E$、$30\%P_E$、$40\%P_E$、$50\%P_E$、$60\%P_E$、$70\%P_E$、$80\%P_E$、$90\%P_E$、P_E（P_E 为氢燃料电池系统额定功率），每个工况点持续稳定运行 3min；按照此工况进行稳态工况下尾气氢气排放测试试验，每个工况点分析数据时间长度不能少于 2min；最后进行数据分析。图 4-11 所示为氢燃料电池尾气排放测试仪。

图 4-10　氢燃料电池系统绝缘测试设备

图 4-11　氢燃料电池尾气排放测试仪

4.2.2　氢燃料电池系统的动力性能测试

除了整车厂家指定需求氢燃料电池使用特性条件外，国内氢燃料电池系统主要按照 GB/T 24554—2009《燃料电池系统性能试验方法》对氢燃料电池系统动力性能进行各项测试。测试中主要有以下内容：启动特性试验、额定功率试验、峰值功率试验、动态响应特性试验、稳态特性试验、紧急停机功能试验、质量测试等。

氢燃料电池系统性能测试需要采用专业的测试系统完成，一套完整的氢燃料电池系统的测试系统包含系统测试台架、双向电子负载、供电系统、数据采集系统等（图 4-12）。

1. 系统测试台架

系统测试台架由氢气供给系统、水热管理系统、尾排处理系统等组成。

（1）氢气供给系统

氢气供给系统主要是为了保证氢燃料电池堆电化学反应的连续进行。氢气气源压力 20~30bar（1bar＝100kPa），经过减压后氢气进气压力为 7~16bar（可调节）。氢气供给系统具备调压功能、高精度流量测量功能、安全泄放超压保护等功能。管路上安装有流量、压力、温度等传感器，可以对气源的即时消耗量和累计消耗量、温度等参数进行实时监控。

（2）水热管理系统

水热管理系统具备加热和冷却功能，温度控制精度在 ±1℃ 以内，多采用三级换热模式，

a) 系统测试台架　　　　　b) 双向电子负载

c) 供电系统　　　　　　d) 数据采集系统

图 4-12　氢燃料电池系统测试系统

精准平稳地控制进入氢燃料电池系统的去离子冷却水温度误差在 ±1℃ 以内，确保氢燃料电池系统冷却进水温度、冷却功率及效果满足需求。

（3）尾排处理系统

尾排处理系统具有氢气单独排放、氢空混合排放功能，排放均配置冷却分水模块；另外在混合排放处设置在线氢浓度检测报警，设置三级安全报警连锁及紧急事故处理等安全系统。

2. 双向电子负载

当测试氢燃料电池系统时，氢燃料电池系统产生的功率经过电子负载重新回馈电网，同时减少测试场地电力系统的负担。

3. 供电系统

供电系统元件包括 380V 电源、UPS、AC/DC 等，其中 380V 电源从电网引出用于测试系统加热棒和水泵工作，AC/DC 开关电源用于向被测系统输送 12V 直流电源以及 24V 直流电源；UPS 由 220V 充电，用于提供工控机、显示屏、控制模块、传感器、电磁阀等提供工作电源并具备防断电功能。

4. 数据采集系统

数据采集系统用于测量和采集所有台架需读取、调用及显示的参数值。数据采集系统是由多种传感器以及流量计组成，可测量温度、压力、电压、电流、流量、电导率、氢浓度以及液位等参数，采集频率不低于 10Hz。由于测试系统制造商的不同，物理硬件选型方面存在差异，因此测量采集到的数据参数数量和量程也会有所不同。

4.2.3　氢燃料电池系统的环境适应性测试

环境适应性测试是指对氢燃料电池系统适应周围环境能力的测试，主要反映了氢燃料电池系统在不同环境条件下均能按预期要求、可靠工作的特性。在设计氢燃料电池系统时，必须考虑满足环境适应性指标，以保证氢燃料电池汽车能够在各种环境下正常行驶。常见的适应性指标包括：最低启动温度、工作环境温度范围、工作海拔范围、存储温度范围等。环境适应性测试一般是将氢燃料电池系统放置于环境舱内模拟整体的测试环境，燃料电池的空气及氢气的温度、压力应满足环境条件测试要求。测试用的环境舱如图 4-13 所示。

图 4-13　氢燃料电池系统测试环境舱

氢燃料电池系统在运行过程中，如果电池堆电压出现一些故障因素，第一时间收集到这些信息的就是氢燃料电池堆巡检 CVM，巡检系统将采集的燃料电池单体电压（或电池堆总电压）信号发送到氢燃料电池系统控制器，通过单体电压信号来判断燃料电池的工作状态，并做对应的控制操作。电压巡检通过巡检信号采集线与氢燃料电池堆上的每一节或每两节单体电池进行连接，以实现电压的采集；通过巡检通信（如 CAN 总线通信）线束传输到通信工具（如 Vector 公司的各种设备或其他 CAN 信号处理装置）；最后通过通信工具与上位机或控制器连接，直接监控或记录采集到的电池堆单体电压。

氢燃料电池的健康状态主要反映在其单体电压上，过干、过湿、缺气等不良操作条件及机械损伤等因素均会使氢燃料电池的单体电压发生改变。因此，如果要诊断氢燃料电池的状态或依靠单体电压进行氢燃料电池系统控制，就需要知道氢燃料电池的单体电压。

4.3　氢燃料电池系统检测

由于氢燃料电池系统工作在复杂的环境下，且工作过程中有着十分复杂的电化学反应发生，是一种多输入、多输出、高耦合的非线性系统。氢燃料电池系统能否长期稳定的工作，主要取决于其内部部件状态和外部操作条件。

在氢燃料电池系统正常运行过程中，会存在很多因素和不确定性影响系统的正常输出性能。首先是氢燃料电池系统本身的工艺结构，以及一些零部件的位置是否合理、散热是否正常等因素。其次是针对氢燃料电池系统在运行过程中的控制程序，是否能够精准且合理地控制。因为在氢燃料电池系统正常运行过程中，诸多因素都可能导致系统无法正常运行，如进气温度、进气压力、散热温度以及进气湿度等。

常见的氢燃料电池系统零部件可监测故障，包括但不限于表 4-1 所列类型。

表 4-1　氢燃料电池系统零部件可监测故障类型[2]

序号	故障类型	故障特性描述	故障可能原因
1	燃料电池堆电流过流/过低	燃料电池电流输出超过/低于规定值	电池堆、DC/DC 故障
2	燃料电池堆电压过高/过低	燃料电池堆电压超过/低于规定值	电池堆、DC/DC 故障
3	单体电池电压过高/过低	燃料电池堆单体电池电压超过/低于规定值	电池堆、单片故障
4	燃料电池堆进口冷却液温度过高/过低	燃料电池堆进口冷却液温度超过/低于规定值	电池堆、水流道压降大、水泵流量不够
5	燃料电池堆出口冷却液温度过高/过低	燃料电池堆出口冷却液温度超过/低于规定值	电池堆、水流道压降大、水泵流量不够
6	燃料电池堆进出口冷却液温度差过高/过低	燃料电池堆进出口冷却液温度差值超过/低于规定值	电池堆、水流道压降大、水泵流量不够
7	燃料电池堆进口空气温度过高/过低	燃料电池堆进口空气温度超过/低于规定值	中冷器散热量不够、温度传感器损坏
8	燃料电池堆出口空气温度过高/过低	燃料电池堆出口空气温度超过/低于规定值	电池堆空气流道压降大、温度传感器损坏
9	燃料电池系统进口氢气压力过高/过低	燃料电池系统进口氢气压力超过/低于规定值	减压阀未调节正确或损坏
10	燃料电池堆进口氢气压力过高/过低	燃料电池堆进口氢气压力超过/低于规定值	减压阀未调节正确或损坏
11	燃料电池堆出口氢气压力过高/过低	燃料电池堆出口氢气压力超过/低于规定值	减压阀未调节正确或损坏
12	燃料电池堆进口空气压力过高/过低	燃料电池堆进口空气压力超过/低于规定值	空压机损坏、传感器损坏
13	燃料电池堆进口冷却液压力过高/过低	燃料电池堆进口冷却液压力超过/低于规定值	水泵损坏、传感器损坏
14	燃料电池堆出口冷却液压力过高/过低	燃料电池堆出口冷却液压力超过/低于规定值	电池堆水流道阻塞、传感器损坏
15	冷却液电导率过高	燃料电池系统冷却液电导率超过规定值	冷却流道有杂质、去离子达到使用寿命需要更换
16	绝缘阻值过低	燃料电池系统绝缘阻值低于规定值	电导率高、系统内有部件绝缘出现问题
17	氢气浓度过高	氢气浓度超过规定值	系统部件漏气或接头漏氢气
18	空气流量过高/过低	空压机空气流量超过/低于规定值	空压机损坏、流量传感器损坏
19	风扇反馈转速过低	箱体强制通风用风扇,转速低于规定值或反转	风扇设备损坏
20	电机设备堵转	转速为零,仍有转矩输出的情况	电机风扇有异物堵塞

（续）

序号	故障类型	故障特性描述	故障可能原因
21	电机设备超速	转速超过规定值	转速超过规定值
22	低压电源电压过高/过低	低压电源电压超过/低于规定值	DC/DC 损坏、电源损坏
23	短路	电路中不同点位之间由于绝缘损坏等发生线路短路	电器部件短路
24	开路	电路中线束等连接断开	电器部件开路
25	燃料电池系统或其零部件通信超时	燃料电池系统控制器和零部件通信时间超过规定值	FCU 损坏、通信协议不对、电磁干扰
26	燃料电池系统或其零部件开机超时	开机时间超过规定值	系统内问题、零部件损坏、通信问题
27	燃料电池系统或其零部件关机超时	关机总时间或关机子状态时间超过规定值	系统内问题、零部件损坏、通信问题

常见的氢燃料电池系统不可监测故障，包括但不限于表 4-2 所列模式。

表 4-2　燃料电池系统不可监测故障模式[3]

序号	故障模式	故障特性描述
1	氢脆	氢原子进入金属后使晶格应变增大，因而降低韧性及延性，引起脆化的现象
2	中毒	燃料电池堆的膜电极受到污染，导致燃料电池系统性能降低
3	气体泄漏	除正常排气和放空外，供气系统和燃料电池系统出现的气体外泄的现象
4	锈蚀	金属在大气中由于氧、水分及其他杂质而引起的生锈
5	卡滞	电子节流阀等零部件在规定的运动轨迹上有间隙或受阻的现象
6	滑扣	受力过大或其他原因导致螺纹磨损，螺纹连接无法拧紧
7	气蚀	水泵接触液体零件的表面，因气泡爆炸、电化学等腐蚀原因而造成麻点状和针状小孔的现象
8	喘振	叶片式压缩机的流量减少到一定程度时所发生的一种非正常工况下的振动
9	异常振动	燃料电池系统内旋转件出现明显振动，常伴有异响
10	啸叫	空压机或者电机工作时出现尖锐的高频噪声

在氢燃料电池系统运行过程中，除去表 4-1 和表 4-2 所列的故障，还有一些故障也会造成系统无法正常输出的情况，如水淹和膜干。

4.3.1　水淹和膜干故障的产生机理

氢燃料电池的水热管理系统对氢燃料电池性能、寿命和安全起着重要作用。氢燃料电池系统运行时，随着氢燃料电池堆的连续工作，产生的热量会很高。如果电池堆内部热量没有及时排出，会对电池堆造成非常严重的损伤。

在 PEMFC 的运行过程中，质子传导率与膜水含量密切相关，合适的温度可以提高质子交换膜上的质子传递速度，从而提高电化学反应速度，反应电流升高，电池堆性能变好。然而当氢燃料电池堆内部水含量过高的话，则会由于存在过多的水蒸气而无法及时排出，从而造成电池堆内部的水淹故障。同时，由于气体扩散层和流道的水淹使得气体反应物到达反应位点的传输受阻，催化剂的活性面积因水的覆盖而降低，PEMFC 的活化损耗和浓差损耗显著增加。而当温度过高时，质子交换膜会产生脱水现象，电导率下降，电池堆性能变差。另外，由于质子交换膜为聚合物电解质，当温度接近 100℃时，膜的强度将下降，如不及时降温，膜会出现微孔，氢气将通过微孔与空气混合，严重时，可能会造成质子交换膜的击穿，影响运行安全。

4.3.2　水淹和膜干故障的危害

膜干故障是由于水管理和热管理不当引起的水分蒸发或流失太快而导致的质子交换膜含水量过低。在 PEMFC 中质子交换膜用于传导质子，而质子的传导过程需要水分子作为载体，故膜干发生时质子传导率会大幅下降，影响电池正常运行；同时，膜电阻增大，电流通过膜时的产热增加，严重时会导致局部过热而灼烧质子交换膜。若长期处于膜干状态，干燥区域不断扩大，最终导致整个膜干化破裂，造成不可逆的损害。最明显的特征就是，在氢燃料电池系统运行过程中，由于质子交换膜击穿的发生，巡检系统会检测到氢燃料电池单片电压过低，造成氢燃料电池系统的急停。

在氢燃料电池系统持续运行过程中，电池堆发生水淹或膜干，轻则影响燃料电池系统的输出性能，造成输出功率波动过大；重则会造成电池堆损伤，氢燃料电池系统急停，严重时会直接导致氢燃料电池堆报废。

4.3.3　水淹和膜干故障的一般识别方法

水淹故障的识别方法：氢燃料电池系统在运行过程中，良好的输出性能对应充分湿润的质子交换膜，对于质子交换膜上附着的水含量，过高与过低都不行；当水含量过高时，会造成电池堆内部积水过多，从而使氢燃料电池系统的绝缘值过低，引起系统的急停。

膜干故障的识别方法：当氢燃料电池系统处于输出状态时，若因为质子交换膜上表面附着的水含量较低，引起膜干故障的发生，随着膜干状态时间延长，严重时会造成质子交换膜击穿，从而引起单体电池电压过低造成系统急停；但是仅通过单体电池电压还不能完全判断是由膜干造成的故障，还可以通过便携式氢气探测仪测量尾排的氢气浓度及水路的膨胀水壶的氢气浓度来确认。

4.4　氢燃料电池系统维修实训

4.4.1　实训案例一：氢燃料电池系统故障检修

氢燃料电池系统故障检修的注意事项如下：

1）氢燃料电池系统处于运行状态时，严禁对其进行任何维护。

2）当系统未处于运行状态时，也不能直接进行维护工作，需在使用万用表确认其输出端的电压为安全操作电压后，方可进行维护操作。

3）安装、操作和维修的人员，必须接受与氢燃料电池系统相关安全、设备和紧急程序的培训。

4.4.2　实训案例二：氢燃料电池系统氢气管路故障检修

氢燃料电池系统启动前应检查供氢管路，首先从外观上检查各接头、电磁阀、安全阀等有无剐蹭、松动，破损，再在管路内通氢气，使用便携式氢气泄漏检测仪检测有无氢气泄漏。氢气分子比其他气体分子小，很多密封材料、供气管路、非焊接连接件和非金密封件（如垫片、O 形圈、管道螺纹胶和填料等）都是潜在的泄漏点或渗漏点。由于氢气是世界上已知的最轻的气体以及它的扩散性，当有少量的氢气泄漏时，会快速扩散并且被稀释，在室外通常不会造成安全危害。

氢气管路常用的连接方式为卡套连接。卡套接头的工作原理是将钢管插入卡套内，利用卡套螺母锁紧，抵触卡套，切入管子而密封，如图 4-14 所示。

故障现象：卡套连接处出现气体渗漏，气体泄漏量较大时可明显从泄漏部位听见气体逸散时发出的"嘶嘶"声，将测漏液滴在泄漏处会有明显的鼓泡。

1）故障原因：

① 卡套螺母松动。

② 卡套前卡圈、后卡圈缺失。

③ 卡套连接密封处不圆滑（有异物、划痕）。

图 4-14　卡套结构剖面图

2）故障处理方法：待管道排空泄压后，重新拧紧后检查有无漏气现象；如仍有漏气情况存在，则使用铜扳手拧开卡套，检查卡套有无剐蹭划痕、异物，前后卡圈是否正常；如管道有划伤则需要将现有管道隔断后重新安装。完成后通气再次测试，并使用便携式氢气泄漏检测仪检测有无氢气泄漏。

3）注意事项：卡套上禁止缠绕生料带及 502 胶等产品；禁止带压操作。

4.4.3　实训案例三：氢燃料电池系统空气管路故障检修

氢燃料电池空气滤芯的主要作用是过滤颗粒物和相关化学物质如 SO_2 等，防止造成对氢燃料电池的污染；它还具有一定的消声作用。若空滤长时间未更换，空滤的吸附穿透时间、吸附容量、过滤效率会变差，空气路流阻变大。

空滤更换操作步骤如下：

1）车辆要处于停车状态。

2）氢燃料电池系统处于停机状态且整车未上高低压电。

3）拆卸空滤模块外罩，拆卸过程中要防止异物、颗粒等进入空气管路。

4）替换新的空滤滤芯。

5）复原空滤模块。

4.4.4　实训案例四：氢燃料电池系统散热系统故障检修

氢燃料电池系统的最佳工作温度需要控制在 70～80℃，且基于氢燃料电池系统的特性，95%以上的热量需要通过冷却液循环完成冷却的作用，所以温度控制至关重要。

（1）故障现象：散热器（进水、出水）接头漏水

1）故障原因：

① 接头与散热水箱连接安装时，装配未完成。

② 接头与硅胶管路连接处卡箍未拧紧。

③ 接头上排气管路未封堵。

④ 接头有损坏。

⑤ 水路超压。

2）故障处理方法：

① 重新装配水路接头与散热水箱。

② 对连接处的卡箍进行紧固。

③ 对排气管路进行封堵。

④ 更换水路接头。

⑤ 检查水泵状态是否正常。

（2）故障现象：散热器损坏

1）故障原因：

① 散热器有磕碰导致散热器开裂。

② 散热器长期使用后，铝带被腐蚀。

③ 散热器内部冷却液结冰，使散热器冻裂。

2）故障处理方法：更换散热器。

（3）故障现象：散热风扇不工作

1）故障原因：

① 未提供电源。

② 未达到散热温度。

③ 控制继电器损坏。

④ 线路或连接异常。

⑤ 散热风扇损坏。

2）故障处理方法：

① 使用万用表测量是否有电压。

② 确认氢燃料电池系统温度是否高于控制温度（传感器）。

③ 检查继电器是否正常。

④ 检查连接线是否完好，连接是否正常。

⑤更换散热风扇。

（4）故障现象：散热不足

1）故障原因：

①冷却液流量太小。

②散热系统内空气未排空。

③散热风扇未正常工作。

④散热器表面有异物、被堵死。

2）故障处理方法：

①检查冷却液位是否在允许范围内，检查水泵是否正常工作。

②运转水泵系统未继续排气，并注意补充冷却液。

③检查散热风扇是否损坏。

④清洁散热器外部。

4.4.5　实训案例五：氢燃料电池系统绝缘检修

为防止车内和车外人员触电，确保驾驶员、乘客和车辆周围环境的安全，氢燃料电池系统的高压电绝缘处理，至关重要。

故障现象：氢燃料电池系统绝缘值低。

1）故障原因：

①电池堆绝缘值低。

②电池堆冷却液进出口接口为金属材料时，连接口与电池堆壳体绝缘未做好。

③冷却液连接管路导电。

④系统未接地。

⑤冷却液电导率太高。

2）故障处理方法：

①电池堆返厂维修。

②电池堆冷却液连接口与电池堆壳体之间加装绝缘垫。

③更换连接管路。

④做好系统接地。

⑤更换合适电导率的冷却液。

参 考 文 献

［1］燃料电池百科. 燃料电池系统的"眼睛"：燃料电池电堆巡检（CVM）［EB/OL］.（2020-04-30）［2024-02-01］. https：//gg-fc. com/art-40031. html.

［2］山东省工业和信息化厅. 质子交换膜燃料电池发动机故障分类、远程诊断及处理方法：DB37/T 4099—2020［S/OL］.（2020-08-31）［2024-02-01］. https：//www. renrendoc. com/paper/96748134. html.

［3］张雪霞，蒋宇，孙腾飞，等. 质子交换膜燃料电池水淹和膜干故障诊断研究综述［J］. 西南交通大学学报，2020，55（4）：828-838+864.

第 5 章　氢燃料电池堆故障检测与维修

常见的质子交换膜燃料电池堆是由多片燃料电池单体串联起来，构成一个燃料电池堆。该燃料电池堆是一种依靠电化学原理而工作的电化学能量转换装置，其主要是由催化剂、质子交换膜、气体扩散层、双极板以及其他结构件（如密封件、端板和集流板等）组成。在多数情况下，质子交换膜燃料电池的性能与寿命都低于实验室测试结果，尤其是在一些工况比较复杂的应用场景下，电池堆容易发生一些故障，如水淹、膜干、催化剂中毒和空气饥饿等。目前燃料电池堆的检测方法主要为电化学表征技术，即通过电压、电流来衡量燃料电池堆性能，指的是在燃料电池堆运行状态下，进行极化曲线、电流中断、电化学阻抗谱等测试。此外，电池堆在运行状态下出现警报时，应及时调整运行参数并对故障进行诊断，这可以在很大程度上提高电池堆的寿命。

5.1　氢燃料电池堆基础

氢燃料电池可以理解为一种发电装置，将燃料（通常为氢气）和氧化剂（通常为空气）持续输入其中，就能不断产生电能和生成物（通常为水）。燃料电池既不是可充电的动力电池，也不是内燃机。与动力电池相比，燃料电池将外部输入燃料的化学能转化为电能；而动力电池将内部的化学能转化为电能。与内燃机相比，燃料电池内部发生的是相对"温和"的电化学反应，将燃料的化学能直接转化为电能；而内燃机内部发生的是"剧烈"的燃烧反应，将燃料化学能转化为机械能。

在氢燃料电池中，氢气的电化学反应可以分解成两个半电化学反应：

$$H_2 \Leftrightarrow 2H^+ + 2e^- \tag{5-1}$$

$$\frac{1}{2}O_2 + 2H^+ + 2e^- \Leftrightarrow H_2O \tag{5-2}$$

即氢气分子分解成氢离子和电子；氧气分子与氢离子、电子结合生成水。

将上述两个反应从空间上分隔开来，由氢分子转换而来的电子在上述反应完成之前通过外电路流出（构成电流），从而实现发电。

这个空间隔离是由电解质来完成的。电解质是一种只允许离子流过而不允许电子流过的材料。一个氢燃料电池至少应该有两个电极，上述两个半电化学反应在两个电极处发生，电解质把它们隔开来。

根据电解质的不同，燃料电池可分为五大类型：磷酸盐燃料电池（PAFC）、聚合物电解质膜燃料电池（PEMFC）、碱性燃料电池（AFC）、熔融碳酸盐燃料电池（MCFC）和固体氧化物燃料电池（SOFC），如图 5-1～图 5-5 所示。

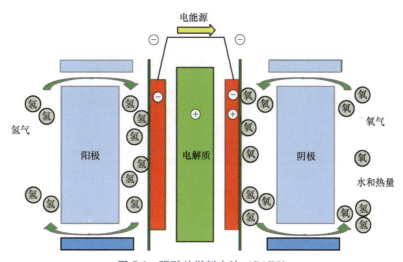

图 5-1　磷酸盐燃料电池（PAFC）

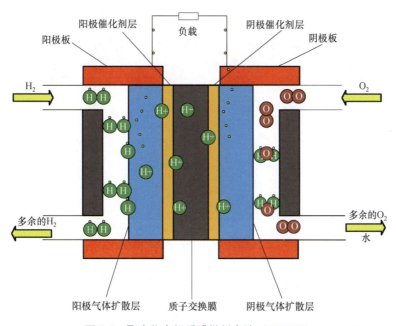

图 5-2　聚合物电解质膜燃料电池（PEMFC）

虽然这五类燃料电池都是基于相同的电化学基本原理，但它们工作的温度区域、材料、

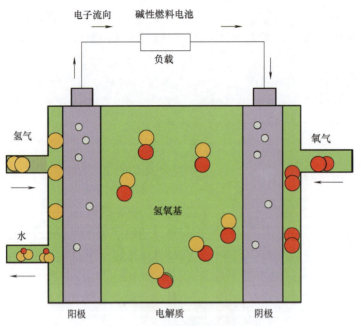

图 5-3　碱性燃料电池（AFC）

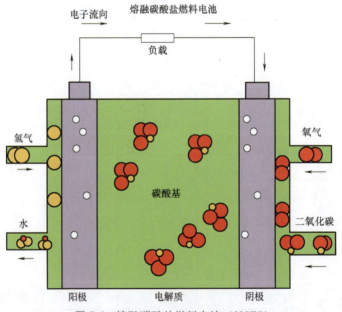

图 5-4　熔融碳酸盐燃料电池（MCFC）

对燃料的抗毒性以及性能特性却不尽相同。本章主要聚焦燃料电池汽车中的燃料电池堆，在车用领域，目前应用最为广泛的是聚合物电解质膜燃料电池，又称为质子交换膜燃料电池（PEMFC），以下内容主要涉及此类燃料电池堆。

质子交换膜燃料电池由膜电极（MEA）、双极板和密封圈组成，其单体电池结构如图 5-6所示。其结构通常可分为阴/阳极板、阴/阳极气体扩散层、阴/阳极催化层和质子交换膜

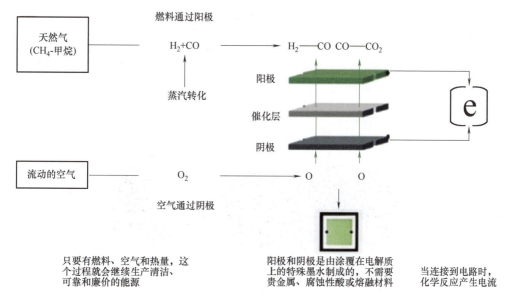

图 5-5 固体氧化物燃料电池（SOFC）

（PEM）七个部分。其中，阴/阳极板内侧分别为空气和氢气的气体通道，外侧为集流板，起集流导电的作用并形成电势；阴/阳极气体扩散层使参与反应的气体依流场结构达到均匀分布并起到导电的作用；阴/阳极催化层主要由 Pt 组成，其作用是促进氧化还原反应；质子交换膜由一层很薄的聚合材料组成，主要负责水合质子的传导。其阴/阳极反应和总反应见式（5-3），在催化剂的作用下，氢气发生氧化反应后被分解为电子（通过外电路到达阴极）和氢离子（即质子），氢离子黏附在膜表面的水分子上形成水合氢离子（即水合质子），然后穿过质子交换膜到达阴极；在催化剂的作用下，氧分子发生还原反应后被分解为氧原子，氧原子与外电路来的电子和从质子交换膜穿透过来的氢离子化合，生成水分子，并产生一定的热量。

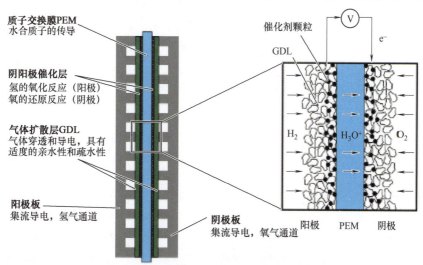

图 5-6 PEMFC 单体电池结构

55

$$阳极氧化反应：2H_2 \longrightarrow 4H^+ + 4e^+$$
$$阴极还原反应：O_2 + 4H^+ + 4e^+ \longrightarrow 2H_2O \qquad (5\text{-}3)$$
$$总反应：2H_2 + O_2 \longrightarrow 2H_2O$$

质子交换膜燃料电池堆由多片单体电池串联而成，两端辅以端板，如图5-7所示。需要注意的是，在实际电池堆设计中，同一块双极板的正反两面是分属相邻两片单体电池的阳极和阴极的。全功能的双极板对于多电池配置必不可少。

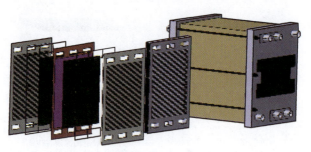

图 5-7　PEMFC 电池堆结构

5.1.1　氢燃料电池的基本工作原理

本节由简单的氢燃料电池单片切入，介绍氢燃料电池的基本工作原理，如图5-8所示。图中仅列出了氢燃料电池内部的主要部件，实际内部结构更为复杂与精细，后文会逐一讲解。

一个基本的氢燃料电池模型主要由阳极和阴极组成，阳极侧连接氢气流道，阴极侧连接空气流道，阴阳极具有多孔导电的特性，通常由碳纤维布或碳纤维纸制成。阳极和阴极中间被质子交换膜隔绝开，质子交换膜具有传导质子、隔离电子、隔离气体的特性。在电极和质子交换膜中间，喷涂有催化剂颗粒层，通常为碳载铂，式（5-1）、式（5-2）描述的半电化学反应主要发生在催化剂表面。

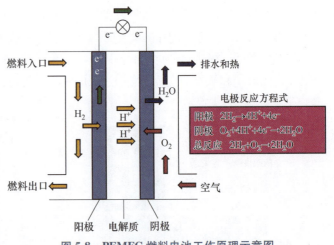

图 5-8　PEMFC 燃料电池工作原理示意图

工作过程中，从氢气流道输入进来的氢气（H_2），通过阳极（由于阳极具有多孔特性，气体可顺利穿过）逐步输送到催化剂、质子交换膜紧密接触的区域，在催化剂表面发生式（5-1）所示的半电化学反应，产生质子（H^+）和电子（e^-）。仅有质子可传过质子交换膜向阴极流动，电子和氢气均被质子交换膜隔离开。电子通过阳极（电极具有导电的特性），流向执行有效工作的外围电路，最后返回膜的另一侧——阴极。而过剩的氢气通过氢气流道出口排出电池。阴极流道主要输入的是空气，空气通过阴极逐步输送到催化剂、质子交换膜紧密接触的区域，在催化剂表面空气中的氧气与穿膜而来的质子、通过外电路而来的电子，发生式（5-2）所示的半电化学反应，生成水，水和过剩的空气一起通过空气流道出口从电池中排出。这些同步反应的最终结果是产生流经外部电路的电流——直流电。

电路中，电流与电子的移动方向相反，电流由正极流向负极，电子则是由负极流向正极，结合图 5-6 可以总结出：氢燃料电池的氢气侧为负极，称为阳极；空气侧为正极，称为阴极。单片氢燃料电池的理论极限输出电压计算结果约为 1.23V，由于氢燃料电池内部存在的各种损耗，实际上单片氢燃料电池工作电压大多在 1V 以内。接有负载时输出电压取决于输出电流密度，通常在 0.5~1V 之间。为了使氢燃料电池输出的电能具备更强的实用性，应用中一般以氢燃料电池堆的形式来提升电压。视应用场景不同，氢燃料电池堆由数片到数百片不等的单体电池串联而成。

由于氢燃料电池通常采用的是串联方案，串联电路中各单片氢燃料电池电流相同，所以电流与片数无关，而是取决于氢燃料电池的单片面积。电流的本质是一种速率，是指单位时间内通过外电路的电荷数量。所以提高电流就是要提高单位时间内通过外电路的电荷数量。而通过外电路的电荷实际是由氢气分子分解产生的，反应的氢气越多，电荷数量越大。总结一下就是如果我们需要更多的电流，就需要反应消耗更多的氢气，就需要更大的电化学反应面积，即更大的单片面积。

综上，氢燃料电池堆的输出电压与串联片数成正比，输出电流与单片有效工作面积成正比。

5.1.2　氢燃料电池堆的主要部件

氢燃料电池堆的核心部件是质子交换膜，膜两侧为催化剂层，催化剂层两侧为气体扩散层，以上的部分通常被称为膜电极或 MEA（Membrane Electrode Assembly）。气体扩散层两侧为极板，在多电池结构中，一片单体电池的阴极与相邻电池的阳极物理连接或电气连接，因此称为双极板。

氢燃料电池堆在原理上相当于水电解的"逆"装置。阳极为氢燃料发生氧化的场所，阴极为氧化剂还原的场所，两极都含有加速电极电化学反应的催化剂。工作时相当于直流电源，阳极即电源负极，阴极即电源正极。将多个单体电池层叠组合就能构成输出电压满足实际负载需要的氢燃料电池堆（简称电池堆或电堆）。

1. 质子交换膜

质子交换膜具有较好的质子导电性、绝缘性，能够隔绝气体，在氢燃料电池运行环境中具有化学和机械稳定性。通常质子交换膜由全氟磺酸（PSA）离子聚合物组成。最著名的质子交换膜为杜邦公司生产的 Nafion，采用全氟磺酰氟乙基-丙基-乙烯基醚（PSEPVE）制成。国内厂家也已研发出并批量生产销售类似的材料。质子交换膜的导电性主要取决于膜的结构、含水量以及温度。质子交换膜原理上对氢气和空气具有隔离作用，但由于膜的多孔结构、水含量以及氢气和氧气在水中的可溶解性等原因，一些气体可以渗透过膜。膜的工作温度一般在 100℃ 以下。质子交换膜的性能对氢燃料电池的性能起着非常重要的作用，它的好坏也直接影响电池的使用寿命。

2. 催化剂

作为氢燃料电池反应关键，催化层是由催化剂和催化剂载体形成的薄层。催化剂主要采用 Pt/C、Pt 合金/C，载体材料主要是碳纳米颗粒、碳纳米管、碳须等，导电性好、载体耐蚀、催化活性大。目前阶段商用的催化剂层一般由 Pt/C 等组成（图 5-9）。在碳粉表面均匀撒布微小铂颗粒（4nm 或更小），再将附着有铂颗粒的碳粉喷涂于膜或者气体扩散层上（何种做法视工艺而定），形成催化剂层。这是实际发生电化学反应的场所，电化学反应发生在催化剂的表面。由于氢燃料电池电化学反应涉及三种组分——气体、质子、电子，因此反应实际发生在三相界面处，即质子交换膜、催化剂载体（碳基）、反应气体的交界处。气体扩散层具有将反应气体引入催化剂层、将产生的水引入流道、将催化剂层与双极板电气连接、对 MEA 提供机械支撑等作用。气体扩散层一般由碳纤维复合材料制作，如碳纤维纸和编织碳织物或布。

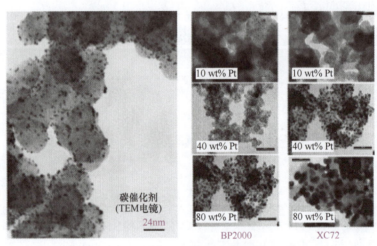

图 5-9 铂金催化剂的微观结构

3. 双极板

双极板的作用是将电池串联形成电气连接、隔离相邻单体电池中的气体、为氢燃料电池提供结构支撑、将反应热量传导至冷却介质以及提供气体流道。双极板是由极板和流场组成，主要作用是气体分配、集流、导热和密封（图 5-10）。双极板是电、

图 5-10 氢燃料电池双极板

热的良导体，具有良好的机械性能、很好的阻气性能、较强的耐腐蚀性等特点，其性能决定了氢燃料电池堆体积比功率和质量比功率。早期双极板材质主要是石墨、合金或复合材料，通常由石墨板材料制作。石墨双极板厚度约 2~3.7mm，经铣床加工成具有一定形状的导流流体槽及流体通道，其流道设计和加工工艺与电池性能密切相关。石墨材料是首次应用于氢燃料电池的双极板材料之一，具有化学稳定性好的优点。随着电堆功率小型化、高功率密度

等需求提升，在解决了冲压精度、表面涂覆导电性和耐腐蚀等工艺问题后，金属双极板开始大量应用，开始替代石墨双极板。金属具有机械强度高的特点，单体电池厚度可达 1.5mm 以下，组合的电堆更加紧凑、轻巧，大规模生产的一致性好，综合成本低。

4. 气体扩散层

气体扩散层（GDL）通常由碳纸或者碳布组成，主要起到传质、导电、传热、支持催化层以及导水的作用（图 5-11）。

此外，以上材料堆叠成电堆以后，最外侧的两片为集流板，用于收集电流连接至外电路。集流板外侧一般安装绝缘板，保证电安全。绝缘板外侧布置端板，用于固定氢燃料电池堆，若端板松动或紧固力过大，将影响氢燃料电池堆性能，甚至损坏氢燃料电池。两侧端板之间一般使用螺柱或者绑带固定。图 5-12~图 5-14 为由 18 片单体电池组成的氢燃料电池堆实物图，采用螺柱固定方式。

图 5-11　氢燃料电池碳纸/碳布

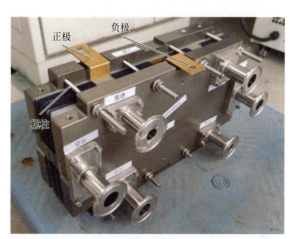

图 5-12　用于测试的氢燃料电池堆实物照片一

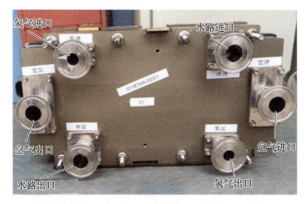

图 5-13　用于测试的燃料电池堆实物照片二

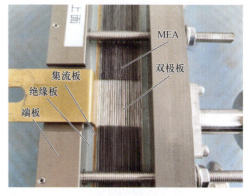

图 5-14　用于测试的燃料电池堆实物照片三

5. CVM

氢燃料电池电堆单体电池巡检模块（CVM）是氢燃料电池系统和电堆检测的重要组成部分（图 5-15）。氢燃料电池在使用过程中，需要精确地监测其单体电压，以便了解氢燃料电池的实时运行状态，确保每一片单体电池稳定可靠工作，进而提高氢燃料电池的高效性和可靠性。其工作原理是 CVM 通过巡检信号采集线，与氢燃料电池电堆上的单体电池进行连接，以实现电压的采集，在 CVM 中通过巡检通信线束（如 CAN 总线通信）传输到通信工具，最后通过通信工具与上位机或系统控制器连接，直接监控或记录采集到的电堆单体电压（图 5-16）。

CVM 模块可由多块控制器组成。一块控制器可实现多片单体电压的采集，当单体电压的通道数大于该控制器通道数，可将多块控制器联合使用，从而实现更多通道单体电压的采集。另外，巡检的外形并不拘泥于某一特定的样式，可以根据氢燃料电池电堆的样式进行相应的开发，来满足结构布置方面的要求。在目前氢燃料电池堆不能完全避免缺气、水淹、反极、短路等各种失效情况下，CVM 的配备必不可少。

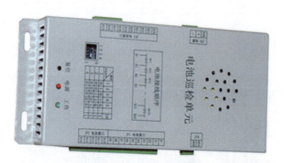

图 5-15　单体电池巡检模块

图 5-16　巡检信号采集

5.2　氢燃料电池堆检测主要方法

氢燃料电池堆的检测方法主要分为两大类，第一类称为电化学表征技术，第二类称为非现场表征技术。

电化学表征技术主要是通过电压、电流来衡量氢燃料电池电堆性能，通俗来说就是需要氢燃料电池堆在运行状态下，进行各种检测。常用检测方法包括极化曲线法、电流中断法、电化学阻抗谱法（EIS）、循环伏安法（CV）。

非现场表征技术主要检测氢燃料电池堆中独立组件的结构或者性能，通常不在电堆运行状态下，检测未组装且未工作的组件。常用检测方法有孔隙率测定、Brunauer-Emmett-Teller（BET）表面积测量、透气性、结构测定、化学测定等。这就意味着非现场表征技术检测通常是在将电堆零部件处于分离状态下，使用电镜等专业设备对其进行检测，专业性较高。检测对象是电堆内部的材料、结构等，并且专业性较强，感兴趣的读者可寻找相关书籍进行深入了解。

以上两类检测方法中，应用更为广泛的是电化学表征技术，下文主要讲解此类检测方法。

5.2.1　极化曲线法

极化曲线法是一种能够简单直观检测氢燃料电池堆电性能的方法，通过极化曲线来判断质子交换膜燃料电池输出性能（极限电流密度、电池最大输出功率）。极化曲线是指电堆在稳定工作条件下输出电压与电流的曲线。有时也会将极化曲线展示为平均单片电压与电流密度的曲线。区别仅在于如何进行单位换算，但检测方法是一致的。图 5-17 为典型的极化曲线示意图。

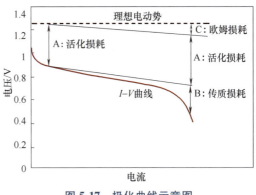

图 5-17　极化曲线示意图

通常的极化曲线测量方法是：将电堆安装于测试台架上并调试完成后，按照测试计划，从第一个电流点开始，设置电堆的各项运行参数，在此电流点运行，直到电压达到稳定状态，记录此时的输出电压以及其他运行数据。理想的稳态在实际操作中很难实现，可以按测试需求提前定义一种稳定状态，达到这种"相对理想"的稳态后即可记录数据。在 GB/T 24554—2009 中统一了一个规范的要求，即在一个电流点稳定运行 3min。按照上述方法，逐一在测试计划中规定的电流点运行电堆至稳态，记录各个点的电压及其他运行数据。测试结束后，将各个电流点的电压绘制成极化曲线图。

理想的极化曲线包括三个主要区域，如图 5-17 所示。在电流较小时，电池电压指数下降，这些损耗大部分是由反应动力学引起的活化损耗；在中等电流区域，电压随着电流增大线性减小，这部分只要是由离子电阻和电子电阻引起的欧姆损耗；在大电流区域，电压快速下降，这是由于随着电流增大，所需的反应气体增多，由于通过气体扩散层和电催化剂层的反应气体的传输极限约束，此部分主要是由质量传输引起的浓度损耗（称为传质损耗），导致电堆性能急剧下降。

极化曲线检测一般在专用的氢燃料电池堆测试台架上进行。目前国际先进的测试台架可以同步精确测控被测电堆的各项运行参数，如氢气和空气的进气流量、温度、压力、湿度，以及冷却液回路的流量、压力、进出口温度等。

电堆性能会由运行条件的变化而改变，如运行温度、湿度、压力等条件，在进行极化曲线测试中，可以设置不同的运行条件，将测试结果对比，进行参数敏感性分析，寻找影响电堆性能的主要参数，改善运行条件，以优化电堆性能。

一条极化曲线图仅能体现当前状态下氢燃料电池堆的电性能，而多条极化曲线图绘制于一起对比则可实现多种目的。

在电堆耐久性测试中，可以每隔一定时间进行一次极化曲线测试，表征当时的电堆性能。测试结束后，将不同时间的极化曲线对比分析，得到电堆性能衰减特性，如探寻性能衰减较快的工作区域，后续可重点优化这一区域，或采取避免在此区域长时间运行的策略等；可寻找衰减较快的时间段，分析衰减原因，从而找到优化方向。

极化曲线法具有检测方法简单、可表征电堆总体电性能的优点。但检测相对耗时较长，仅能检测出现象，无法判断具体的问题所在。例如，电堆内部发生水淹或膜干时，极化曲线法仅能检测出电压下降，而无法给出性能下降的原因。针对此类问题，可采用如电流中断法、电化学阻抗谱法等其他电化学方法。

5.2.2　电流中断法

电流中断法适用于测量电堆内部的欧姆损耗。该方法的基本原理是当电流中断时，欧姆损耗比活化损耗消失得更快，电流中断后，欧姆损耗几乎立刻消失，而活化损耗会缓慢消失，只要通过测量手段，将欧姆损耗与活化损耗区分开，即可实现欧姆损耗的测量。

应用此方法，需将电堆运行于一定电流下，利用高速示波器采集电堆的电压信号，利用电子开关将电流迅速中断，分析电压数据实现检测。

此方法具有数据分析简单的优点，但获取信息相对有限，想要获取更为详细的电堆内部信息，可采用电化学阻抗谱测试方法。

5.2.3　电化学阻抗谱法

电化学阻抗谱（Electrochemical Impedance Spectroscopy，EIS）是给电化学系统施加频率不同的小振幅的交流电势波，测量交流电势与电流信号的比值（此比值即为系统的阻抗）随正弦波频率 ω 的变化，或者是阻抗的相位角 Φ 随 ω 的变化。电化学阻抗谱法即通过测量阻抗随正弦波频率的变化，进而分析电极过程动力学、双电层和扩散等，研究电极材料、固体电解质、导电高分子以及腐蚀防护等机理。动力电池可在非工作状态进行此项测试；而氢燃料电池堆需在工作状态下进行，即在电堆输出电流电压工作时，叠加电压或电流扰动。这是因为动力电池一般是双向的，可充电可放电；而氢燃料电池的正常工作状态仅可放电，不可充电。施加交流扰动后，测量响应信号的振幅与相位，如施加交流电压信号，则采集电流响应信号；如施加电流扰动信号，则采集电压响应信号。在预先设定的频谱范围内，测量不同频率激励信号下的响应信号，即可测试出电化学阻抗谱。此方法是在短时间内分析各种极化损耗的强大工具。

5.2.4　循环伏安法

循环伏安法主要用于表征电堆催化剂的活性。在测试中，某一电极通入氢气，另一电极通入惰性气体（氮气或氩气）。通常以等腰三角形的脉冲电压加在工作电极上，得到电流、电压曲线；曲线包括两个分支，如果前半部分电位向阴极方向扫描，电活性物质在电极上还原，产生还原波，那么后半部分电位向阳极方向扫描时，还原产物又会重新在电极上氧化，产生氧化波。一次测试循环，完成一个还原和氧化过程的循环，故该法称为循环伏安法。

循环伏安法可用于电极反应的性质、机理和电极过程动力学参数的研究。该方法也可用于定量确定反应物浓度、电极表面吸附物的覆盖度、电极活性面积，以及电极反应速率常数、交换电流密度、反应的传递系数等动力学参数。

5.3　氢燃料电池堆故障检测

5.3.1　氢燃料电池堆故障

氢燃料电池的运行可以归纳为气、水、热管理过程。电池内的水状况较为复杂：反应气需要增湿，由此带入电池内一些水；质子从阳极移动到阴极，需要水做载体，从而部分水从氢气侧迁移到空气侧；在空气侧氢氧反应生成水；空气侧水浓度较高，还存在从空气侧向氢气侧扩散（逆迁移）的现象；同时排气带走大量水蒸气。如果在流场内不能保持水平衡，必然出现流场水淹或膜脱水的现象。

液态水在流道内逐渐积聚，最后堵塞流道，这就是通常所说的水淹现象。通常空气侧流量较大，带水能力较强，而氢气侧往往是只进气不排气，偶尔脉冲排气，气流速度低，容易出现积水现象。因此，一般水淹发生在氢气侧。

氢燃料电池发生水淹时，由于各单体电池存在不一致性，而且每个单体的水、热状态也可能不同，所以在氢燃料电池堆内发生水淹的位置难以预知。发生水淹时电池电压会出现明显下降。其他没发生水淹的电池，其内部必然也是液态水增多，而且发生水淹的电池其电压下降的速度和下降的时刻也都不同。为了监测运行状况，目前车用氢燃料电池堆多采用单体电压巡检系统，即测量每个单体电池的输出电压。由于巡检系统需要使用繁多的电压信号线，可靠性差，还容易出现附加故障，因而需要寻找一种新方法，简化监测体系，提高系统的可靠性。

在氢燃料电池正常工作的情况下，氢燃料电池堆中的氢气侧压力降随着负载的增大线性增大。当氢燃料电池堆中出现积水现象时，即使流道尚未被液态水堵死，由于液态水附着于流道壁面，也使得气体通道的流通截面缩小，压力降明显增大。这种现象不仅在单体电池内存在，在氢燃料电池堆内也存在。由于积水是一个液态水逐渐增多的过程，在电池堆内各片电池发生液态水增多的趋势是一致的，在发生积水增多过程中，气体流通的总截面逐渐缩小，压力降必然增大。

通过压力降监测，可以得知流道尚未被堵死之前液态水增多的趋势，由此可以用压力降预警水淹的发生。

5.3.2　膜脱水现象的诊断

质子交换膜燃料电池在运行过程中，需要通过水的作用完成反应过程。首先，氢气到达催化层后，在铂电极的催化作用下，氢氢键断裂并且氢和催化剂铂形成新的化学键，氢质子要穿过质子交换膜时需要脱离铂电极，这时在水的作用下形成水合氢（H_3O^+），同时与铂的化学键断裂，电子通过外电路传递，铂则参与下一次催化反应，而生成的 H_3O^+ 则再次在水分子的作用下穿过质子交换膜。可以说，整个反应过程都离不开水的参与，水分子相当于为质子提供了穿过质子交换膜的通路，一个质子通过质子交换膜的过程需要多个水分子作载体。所以在质子交换膜燃料电池运行的过程中保持电池堆的良好湿润条件是至关重要的。

在质子交换膜燃料电池工作的过程中，需要保证质子交换膜具有一定湿度。电堆中的水含量和水迁移主要受电流、温度、气体压力及压力差等因素影响，在运行时因参数设置不当导致热管理和水管理出现失衡时，电堆内部会出现液态水堆积无法排出或者质子交换膜含水过少而影响质子的传导，由此 PEMFC 进入水淹或膜干的不健康运行状态。我们知道，湿度对材料的导电性有很大的影响，质子交换膜也是这样，在充分加湿的条件下，膜的欧姆阻抗比较小，一旦出现膜脱水的现象，阻抗随着膜脱水程度增加而增大。通过监控电池堆中质子交换膜的欧姆阻抗值来判断电池堆是否出现缺水的现象，从而解决膜脱水问题。对于车用氢燃料电池来说，利用突然变载过程测量阻抗是较简便的方法。

氢燃料电池模型可以简化为理想电池和 RC 电路的组合（图 5-18）。极端的情况是电流中断法：在氢燃料电池稳定工作时，突然中断电流（一般为微秒级或毫秒级），同时测量电池堆电压输出变化曲线。在燃料电池输出电流为 I_0 时，电容 C_{dl} 相当于断路，此时等效电路的输出电压要考虑到内阻的分压。端电压 V 表示为：

$$V = E - (R_P + Z_w + R_m) I_0 \qquad (5-4)$$

式中，E 是理论电动势；R_P 是阴极和阳极的电荷传递引起的电阻；Z_w 是在阴极和阳极中由于气体扩散层的存在而产生的 Warburg 阻抗；R_m 是质子交换膜电阻。

当电流突然中断后，由于没有了电流，电池堆欧姆阻抗上的分压为 0，如图 5-18c 所示，电池堆端电压出现突变：

$$V = E - (R_P + Z_w) I_0 \qquad (5-5)$$

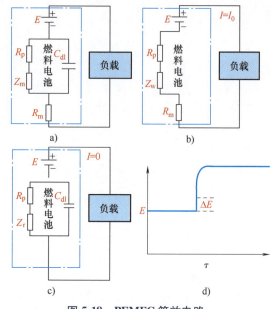

图 5-18　PEMFC 等效电路

然后电容 C_{dl} 放电，经过一个过渡过程，电池堆电压达到稳态：

$$V = E - (R_P + Z_w) I_0 e^{\tau(t-T_0)} \qquad (5-6)$$

电压-时间响应曲线大致如图 5-18d 所示，图中的 E 是电流为 I_0 时欧姆阻抗的分压，τ 是时间常数。电流的中断引起了电压的迅速回弹，这和电池堆的欧姆阻抗相关，之后随时间缓慢上升，这是由较慢的反应和质量传递过程决定的。

电池堆的欧姆阻抗可以根据电流中断瞬间的电压突变得到：

$$R_m = \frac{\Delta E}{I_0} \qquad (5-7)$$

实用中，可以在突然变载的过程中利用电压突变得到氢燃料电池的阻抗值。这种方法很适合在汽车上应用，给出了用电压突变法测量得到的氢燃料电池堆在不同增湿情况下的阻抗，随着进气相对湿度的减小，电池堆的欧姆阻抗增大，尤其在小电流时更为明显。当电流增大后，欧姆阻抗有所减小，说明膜脱水现象在大电流工况由于生成水增多而有所缓解。因此，欧姆阻抗大小可以反映电池堆内膜脱水现象的发生情况和程度。

通过数学模型，可以预测在正常工作情况下氢燃料电池对应各电流条件的阻抗大小。在图 5-19 中，上部图显示在正常情况下实测阻抗值与模型预测值相吻合，下部图显示在发生膜脱水的情况下实测阻抗值明显高于模型预测值。因此，通过这种方法可以诊断质子交换膜燃料电池堆膜脱水现象的发生。

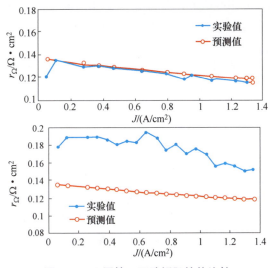

图 5-19　不同情况下欧姆阻抗值比较

5.3.3　在线故障诊断系统和故障处理策略

通过压力降可以预警水淹，通过阻抗可以诊断膜脱水，把二者相结合便可以实现氢燃料电池堆故障的在线诊断。图 5-20 所示为氢燃料电池故障诊断系统在氢燃料电池运行中的应用。氢气侧与空气侧的气体经过加湿送入电堆，经过电化学反应后排出，并将生成的水带出。氢燃料电池系统中的加湿温度和电堆的工作温度都通过冷却水循环控制，冷却水的温度通过加热器和冷却风扇调节，根据实际温度进行反馈控制。

故障诊断系统采集气体压力降和关键部位的温度信号，通过压力降和欧姆阻抗的监测来判断是否发生了水淹或膜脱水，利用压力降和欧姆阻抗

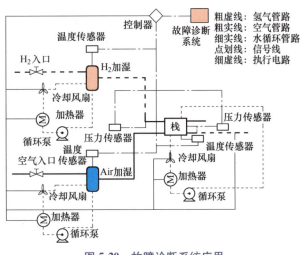

图 5-20　故障诊断系统应用

的大小来把握策略尺度。一旦有故障发生，及时控制执行器动作，快速地解决故障，保证氢燃料电池堆继续正常工作。

$$\Delta P_{H_2} = \begin{cases} \dfrac{6.3428 \times 10^{-11} L (C_w + C_d)^2 \, T^{1.6835}}{x (C_w + C_d)^3 (P_{in} - P_{sat})} (\lambda - 0.5) I, & 273K \leqslant T \leqslant 313K \\[4mm] \dfrac{1.1789 \times 10^{-9} L (C_w + C_d)^2 \, e^{T/275.7} T}{x (C_w + C_d)^3 (P_{in} - P_{sat}) p_{in}^{0.0263}} (\lambda - 0.5) I, & 313K \leqslant T \leqslant 373K \end{cases} \quad (5-8)$$

通过式（5-8）可以计算出氢燃料电池堆正常工作情况下阳极侧压力降的值，将实际测得的压力降与之比较，便可以判断出电池堆是否发生水淹情况。

解决氢燃料电池堆水淹的方法有两种：第一种方法是脉冲排气法，通过故障诊断系统控制脉冲排气阀门开启，即突然将氢气侧尾端打开，通过氢气压力波将水排出；第二种方法是通过调节电池堆工作温度进行解决，可以通过控制系统通过脉宽调制（Pulse Width Modulation，PWM）波或电流电压等方法（取决于实际风扇选型）调节风扇的转速，并对冷却的循环水加热提高电池堆的运行温度，这样使得堆内气体可以容纳更多的水蒸气，从而解决水淹问题。

通过对比实测阻抗值和预测阻抗值，可监测氢燃料电池是否出现膜脱水现象。解决膜脱水的方法有两种：一种方法是通过热管理使电池堆内水的分布重新得到平衡，提高氢气侧和空气侧的加湿温度，使得进入堆的气体的水蒸气含量提高，即带入更多的水进堆，或者降低堆的工作温度，从而减少气体出堆带走水蒸气的量，解决膜脱水故障；另一种方法是增大氢燃料电池的输出，一部分维持车辆的功率需求，一部分能量由动力电池储存，这样使得氢燃料电池在大功率下运行，生成更多的水，从而解决膜脱水的问题（该法适用于混合动力车）。

综上，得出以下处理策略：

1）氢燃料电池发生水淹时，实测阳极侧压力降明显高于公式计算的正常值。压力降大小是判定氢燃料电池堆是否有水淹趋势的依据。

2）氢燃料电池在出现膜脱水时，实测阻抗值明显高于模型预测阻抗值。阻抗大小是判定氢燃料电池堆是否有膜脱水现象的依据。

3）控制电池堆温度和加湿情况、脉冲排气功率输出，是解决电池流场水淹和膜脱水问题的手段。

5.3.4　故障诊断实例

电堆状态在线诊断是氢燃料电池系统运行中不可或缺的功能，它能像心电监测仪预防心脏疾病一样，通过监测电堆工作时的一系列参数，及时给出警报，并提醒控制系统调整运行参数，从而避免电堆故障的发生。此外，及时诊断并处理电堆运行过程中出现的各种问题，可以在很大程度上提高电堆的运行效率和寿命。

交流阻抗测量技术是目前车用氢燃料电池电堆状态诊断的一个常用手段，通过对电堆施加电流扰动，使用数据采集模块获得相应的响应电压，运算后得到对应的高、低频阻抗值。高频阻抗值反映的是膜的含水量，膜含水量越低，膜的质子传导率越低，则高频阻抗越高。因此，高频阻抗可作为膜干的诊断指标。而低频阻抗反映的是质量传输电阻，当双极板内出现水淹时，气体传输受阻，质量传输电阻增大，则低频阻抗增大。低频阻抗会随着含水量的增加而增加，因此可通过低频阻抗与含水量的关系，来实时监测电堆内部含水量。

以下介绍国外几家企业的交流阻抗测量技术和应用情况。

1. 丰田

丰田在第一代 Mirai 上已配备含水量检测系统，通过阻抗和含水量之间的关系，可以进一步分析调控电池堆内部含水量（图 5-21）。若无含水量控制功能，车辆行驶期间含水量可能会超过上限值，甚至造成水淹故障，当环境温度较低，停车时需要进行长时间吹扫以避免堆内液态水残留；而采用含水量反馈控制后，当行驶过程中含水量到达上限值时，控制系统会通过增加空气流量的方式降低含水量，使其保持在合适范围内，以保障车辆正常运行，节省停车后的吹扫时间，降低吹扫能耗（图 5-22）。

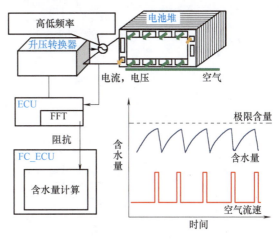

图 5-21　电堆含水量的反馈控制系统

2. 现代

现代采用的诊断方法是在氢燃料电池正常工作时监测输出电流，当电流发生变化时，通过多次采样获得多个电流、电压变化幅值及变化频率，并进一步计算获取相应阻抗值；若所测阻抗偏离预设范围，则判断电堆发生故障（图 5-23）。

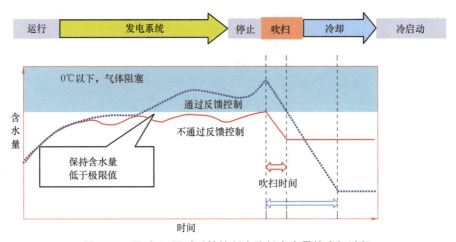

图 5-22　通过/不通过反馈控制来降低含水量的吹扫过程

具体流程如下：

1）持续监测电堆电流，当电流变化值大于预设阈值时，则进入测量流程。

2）重设频率分析参数，多次采样电流及电压，并对电流电压变化频率进行分析，获得 n 组电流、电压、频率参数。

3）通过多组参数计算并得到阻抗值。

3. 本田

丰田和现代采用的测量方式反映的是电堆整体特性，无法了解到局部情况。本田和通用联合提出了一种氢燃料电池分组测量的方法，将几节单体电池分为一组，分别测量每组电池的阻抗、电流密度、电压或频率等参数，并以此为依据对控制参数进行调整。分组测量可以

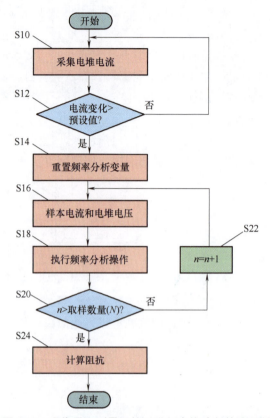

图 5-23　现代用于测量阻抗以进行电堆诊断的流程图

在避免噪声干扰的基础上，最大限度地测量电堆各个部分的运行状态，从而定位故障发生的区域（图 5-24）。

4. 宝马

由于低频阻抗测量耗时久，使常见的交流阻抗测量分析方式需要较长的反馈时间。宝马采用差分阻抗的方式，仅测量多个频率的高频阻抗，可以在极短时间内完成阻抗的检测，用于诊断缺氧、缺氢及膜干等故障，并对其进行快速响应。

在此基础上，宝马还开发了基于电化学阻抗谱中容抗参数的分析诊断。研究发现，随着氧含量的减少，电容值会增大，如图 5-25 所示。因此，若在电压下降的同时监测到电容增加，则可说明是由于缺氧引起的电压下降。

电堆的阻抗可以采用图 5-26 右侧的等效电路进行模拟，当电堆内部参数发生变化时，相应的等效电阻与电容值也会发生变化。如图 5-26 左侧所示，长方体区域是电堆正常状态下的电阻与电容值，当电堆出现缺氧、缺氢及膜干等故障时，对应的等效电阻与电容会发生变化。

5. 巴拉德

大部分阻抗测试仪的测量电压有限，无法在大功率电堆的高压状态下进行测试。巴拉德设计了一种 DC Level Reducer（DLR）接口，在不影响交流电压分量的幅值和相位的基础上，降低响应电压的直流分量，从而在低于 60V 的情况下进行电化学阻抗谱（EIS）测量，以节省成本。

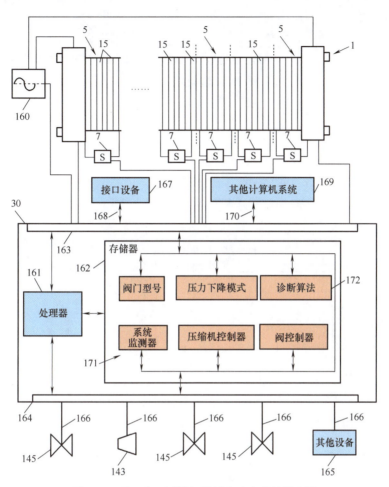

图 5-24　用于分组测量氢燃料电池参数的控制器

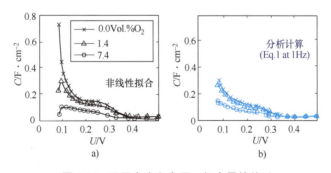

图 5-25　双层电容和电压、氧含量的关系

采用恒流法测量氢燃料电池的 EIS 时，需要对电堆施加交流电流扰动，并同时测量电堆的电压响应。交流电流激励电路（Current Path DLR）用于施加交流电流激励信号；电压测量电路（Voltage Path DLR）具备降低直流电压分量的功能，用于测量电压响应；两个电路连接至 EIS 模块，用于电堆阻抗等数据的计算（图 5-27）。

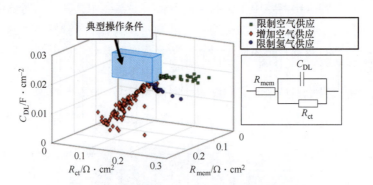

图 5-26　正常状态和发生故障时等效电路参数的变化

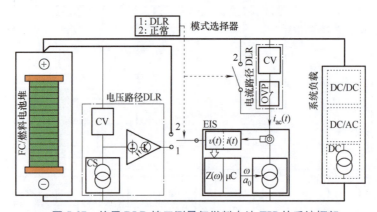

图 5-27　使用 DLR 接口测量氢燃料电池 EIS 的系统框架

　　巴拉德分别测量了额定电压为 30V 和 200V 的氢燃料电池组的 EIS，采用 DLR 接口可使电压分别下降 60% 和 60%~90%，且测得的数据与未采用 DLR 接口的相比，误差很小，分别在 0.8% 和 1.4% 以内。

　　考虑到采用单正弦波激励的 EIS 测量耗时长，该 DLR 接口还可以运用于多正弦波激励或 Morlet 小波激励等其他激励方式的测量方法，以缩短测量时间。

参 考 文 献

[1] 刘洁，王菊香，邢志娜，等. 燃料电池研究进展及发展探析 [J]. 节能技术，2010，28（4）：364-368.

[2] 潘小勇，马道胜. 新能源技术 [M]. 南昌：江西高校出版社，2019.

[3] 梁铣. 聚电解质燃料电池膜电极制备及传质强化研究 [D]. 合肥：中国科学技术大学，2021.

[4] 全睿. 车用燃料电池系统故障诊断与维护若干关键问题研究 [D]. 武汉：武汉理工大学，2011.

[5] 李在强. 燃料电池集成供电系统能量管理策略研究 [D]. 西安：西安理工大学，2020.

[6] 宁凡迪. 高比功率质子交换膜燃料电池关键材料与技术研究 [D]. 合肥：中国科学技术大学，2021.

[7] 周玮. 质子交换膜燃料电池逆流流场传质分析及优化 [D]. 长春：吉林大学，2021.

[8] 洪丰. PEMFC 电堆阳极水管理及反极失效分析 [D]. 武汉：武汉理工大学，2020.

[9] 周雅夫，万伟东，董启超. 基于改进多频正弦激励的燃料电池电化学阻抗谱测量 [J]. 科学技术与工程，2022，22（22）：9679-9685.

［10］王开丽. 基于 Pt 基纳米线的催化层构筑及其质子交换膜燃料电池性能研究［D］. 天津：天津理工大学，2022.

［11］罗立中. 超薄均温板及多气路质子交换膜燃料电池堆的输出特性研究［D］. 广州：华南理工大学，2021.

［12］万伟东. 基于 EIS 和数据驱动的 PEMFC 电堆健康状态监测方法研究［D］. 大连：大连理工大学，2022.

［13］厉昌文. 基于盐包水及高浓度有机电解液的高能量密度超级电容储能基础研究［D］. 杭州：浙江大学，2021.

［14］张祺. 非贵金属电解水/氧还原电催化剂的设计及其性能研究［D］. 湘潭：湘潭大学，2020.

［15］廖真颉. 基于交流阻抗的质子交换膜燃料电池闭环水管理技术研究［D］. 成都：电子科技大学，2022.

第 6 章　空气供应系统故障检测与维修

　　氢燃料电池空气供应系统主要由空气过滤器（简称"空滤"）、空气压缩机（简称"空压机"）、中冷器、增湿器等部件组成，如图 6-1 所示

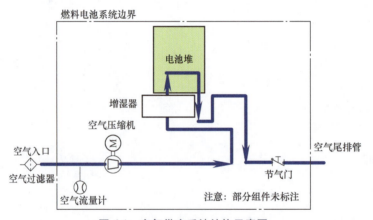

图 6-1　空气供应系统结构示意图

6.1　空气压缩机

6.1.1　空气压缩机基础

　　空气压缩机属于氢燃料电池系统的核心部件之一，它的作用是向电堆中输送特定压力及流量的洁净空气，保证电堆内部的电化学反应充足的氧气供给，被称为氢燃料电池之"肺"。

　　根据工作原理，空气压缩机可分为容积式和速度式两大类。其中容积式空气压缩机通过缩小容腔体积实现对气体的压缩，包括回转式（螺杆式、罗茨式、涡旋式、滑片式）和往复式（活塞式和膜片式）。速度式空气压缩机利用高速旋转的叶轮对气体做功、提高气体速度，再通过减速扩压提高气体压力，实现对气体的压缩；根据叶轮形式可细分为轴流式、离

心式和混流式空气压缩机。空气压缩机的分类如图6-2所示。

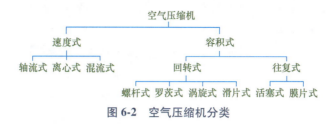

图6-2 空气压缩机分类

氢燃料电池系统曾用过的空气压缩机种类有罗茨式、螺杆式和离心式三种。

目前罗茨式和螺杆式空气压缩机由于体积、噪声、含油的缺点，逐渐被离心式替代。国内外氢燃料电池系统多已采用离心式空气压缩机，下节将围绕以上三种氢燃料电池系统常用的空气压缩机展开详细阐述。

1. 罗茨式空气压缩机

罗茨式空气压缩机利用同步齿轮驱动两个保持啮合的转子转动，转子凹面与气缸内壁组成工作容积（图6-3）。转子旋转时，气体由吸气口流入工作容积，并随转子旋转移动至排气口。在与排气口相连的瞬间，由高压气体的回流实现工作容积中气体压力的上升。罗茨式空气压缩机的工作范围广，可满足车用氢燃料电池的宽范围运行，但它存在体积大、噪声大和含油等缺点。

图6-3 罗茨式空气压缩机示意图

2. 螺杆式空气压缩机

螺杆式空气压缩机在气缸内装有一对互相啮合的螺旋形阴阳转子，两个转子都有几个凹形齿，两者互相反向旋转（图6-4）。内压缩易形成高压缩比，高压缩比时的功耗相对离心式和罗茨式功耗低。它对螺杆形状和轴承精度要求高，采用球轴承和机油润滑方式。螺杆式空气压缩机的功耗相对罗茨式略低，同样存在体积大、噪声大和含油的缺点。

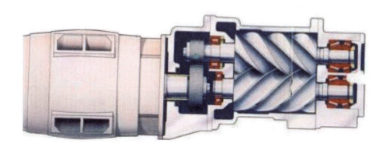

图6-4 螺杆式空气压缩机示意图

3. 离心式空气压缩机

离心式空气压缩机通过旋转叶轮对气体做功，在叶轮与扩压器流道内，利用离心升压和降速扩压作用，将机械功转化为气体内能（图6-5）。离心式空气压缩机采用的是空气轴承，空气轴承使用空气润滑，当转子高速旋转时，在转子和空气轴承表面之间会形成一层气膜，气膜的压力会随着转速的升高而增加，当气膜压力足够大时便可将转子抬离轴承表面，此时转子便会浮起来，所以空气轴承也叫"气浮轴承"。离心作用在叶轮增压过程中起到了重要作用，因此离心式空气压缩机单级压缩比明显高于轴流式空气压缩机。离心式空气压缩机可覆盖较宽流量和压缩比范围，同时由于采用空气轴承技术，呈现出体积小、噪声低和无油的特点。

图6-5 离心式空气压缩机示意图

现阶段由于车用氢燃料电池的特殊性，并且随着高功率氢燃料电池的逐步推广，离心式空气压缩机以其效率高、体积小、无油、噪声小、耐振动冲击、动态响应快等特点得到了广泛的应用。

下面将以离心式空气压缩机为例，详细阐述离心式空气压缩机的故障诊断方式、检修方法及维修操作等。

6.1.2 离心式空气压缩机

1. 基本原理

图6-6为离心式空气压缩机流道简图。气体经空气压缩机入口进入叶轮，在叶轮高速旋转下产生较高的圆周方向速度，同时在离心作用下压力升高、温度升高。高速、高压、高温的气体离开叶轮后在扩压器中减速，气体的动能部分转变为内能，压力进一步升高，完成压缩过程，然后从扩压器流入蜗壳。气体流经蜗壳导流后进入下游管道或下一级空气压缩机。

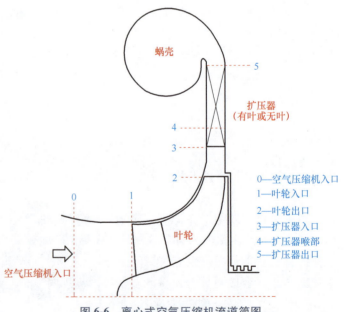

图6-6 离心式空气压缩机流道简图

气体状态参数在离心空气压缩机内的变化过程如图6-7所示，图中p_s为气体静压，p_t为气体总压，T_t为总温，c为气流速度。在进气道中气体速度增大，静压下降；进入叶轮后在叶轮旋转和离心力作用下其静压显著提升；扩压器中气体速度降低，静压上升。由于叶轮是离心空气压缩机中唯一的做功部件，气体的总压仅在叶轮中显著上升，其余部件中均由于流动损失而呈下降的状态。

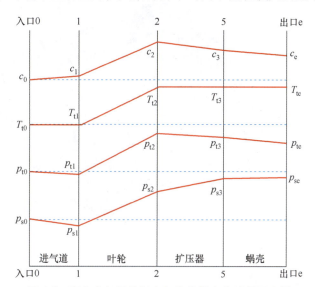

图 6-7　离心空气压缩机中气体参数变化过程示意图

2. 结构及主要部件

离心式空气压缩机的关键部件包括叶轮、永磁同步电机、空气轴承、控制器、线束等。图 6-8 为两级离心式空气压缩机结构图（不含控制器和线束）。永磁同步电机带动主轴及两级叶轮高速旋转，空气经一级叶轮压缩后通过一级蜗壳和中间管道进入二级叶轮进行进一步压缩，最终由二级蜗壳排出，进入下游中冷器等其他空气系统部件。空气轴承是实现离心式空气压缩机无油和低噪声运行的关键部件。当主轴高速旋转时，主轴和空气轴承之间的空气形成具有支撑力的气膜，气膜支撑力随转子转速提升而增大，气膜支撑力达到一定程度后可支撑主轴，此时主轴悬浮于空气中，故称为空气轴承。为避免压缩过程、轴承发热、电机发热等热量聚集，空气压缩机中一般设计有水冷和风冷结构，用于冷却。

3. 性能参数

空气压缩机的性能参数主要包括流量、压缩比、效率、功率。流量和压缩比与电堆运行工况和输出功率密切相关，效率和功率与氢燃料电池系统的效率密切相关。

图 6-9 为空气压缩机典型的性能图（标准状况下，101.325kPa，25℃），横坐标为流量，纵坐标为压缩比，图中各曲线对应空气压缩机不同的转速，各转速下空气压缩机压缩比随流量的降低不断上升；图中亦展示了空气压缩机的等效率线和等功率线，同一转速下空气压缩机效率随流量降低呈先上升后下降的趋势，功率随流量不断增大。

图 6-9 中右侧虚线为空气压缩机的堵塞边界（Choke Line），对应不同转速下空压机的最大流量；左侧虚线为空气压缩机喘振边界（Surge Line），对应不同转速下空气压缩机的最小流量。堵塞边界和喘振边界共同决定了空气压缩机的稳定运行范围。实际运行中应避免空气压缩机的工况超出堵塞和喘振边界，特别是喘振边界。当空气压缩机运行在喘振边界左侧时，空气压缩机处于喘振状态，气体在空气压缩机和氢燃料电池系统内出现回流，同时伴随着大幅度低频振动，严重影响空气压缩机和氢燃料电池系统的寿命。

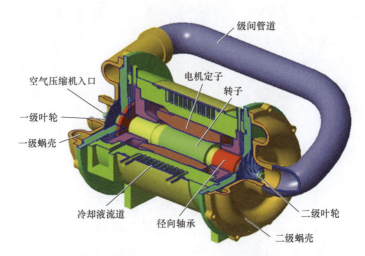

图 6-8 两级压缩离心式空气压缩机结构图（以势加透博能源科技有限公司产品为例）

氢燃料电池系统进行空气压缩机选型时，应确保需求的流量和压缩比处于空气压缩机的稳定运行范围内，远离喘振边界和堵塞边界，尽量选择高效率区域。

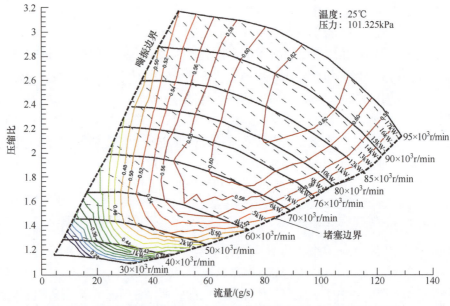

图 6-9 空气压缩机性能图（以势加透博能源科技有限公司产品为例）

6.1.3 故障诊断方式

空气压缩机是一个机、电、热、气等混合的复杂部件，故障可分为空气压缩机本体故障、空气压缩机控制器故障、线束故障。图 6-10 为空气压缩机故障树，图 6-11 为空气压缩机本体故障树，图 6-12 为空气压缩机控制器故障树，图 6-13 为线束故障树。

1. 故障树

空气压缩机故障树表见表 6-1。

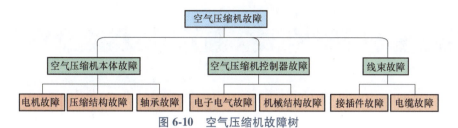

图 6-10　空气压缩机故障树

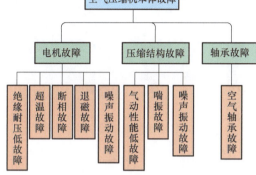

图 6-11　空气压缩机本体故障树

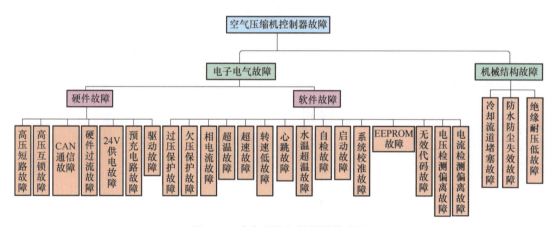

图 6-12　空气压缩机控制器故障树

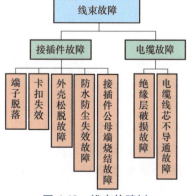

图 6-13　线束故障树

表 6-1 空气压缩机故障树表

故障码	故障描述	触发条件	故障等级
208	空气压缩机停机/降级故障	空气压缩机 1 级/2 级故障	2 级/3 级
209	空气压缩机转速偏离	空气压缩机实际转速偏离目标转速超过 3500r/min	2 级
211	空气压缩机电机过温	空气压缩机电机温度超过 160℃	3 级
213	空气压缩机控制器过温	空气压缩机控制器温度超过 80℃	3 级
215	空气压缩机喘振故障	运行点超过空气压缩机喘振限制线	2 级
216	空气压缩机 chock 故障	运行点超过空气压缩机 chock 限制线	2 级
219	空气压缩机转速达到最大	空气压缩机转速超过 94000r/min	3 级

2. 诊断方式

（1）专业软件-上位机

使用上位机点控氢燃料电池系统附件，确认附件是否能按要求工作。

（2）远程数据分析

通过车载终端（T-BOX）将氢燃料电池系统运行数据上传到大数据云平台，远程对故障进行初步分析。

6.1.4 检修方法

（1）故障解析：空气压缩机本体故障

1）检查方向：①空气压缩机供电异常；②空气压缩机转轴卡死。

2）检修步骤：

① 查看空气压缩机本体高压供电是否正常。

② 分析故障前和故障时空气压缩机转速、空气压缩机电流，以及空气流量计、中冷后进气压力、环境压力等数据，初步定位是否为空气压缩机本体故障。

③ 检查空气压缩机的高压连接是否完整，以及接插件线束是否正常。

④ 检查空气压缩机是否正常受控（上位机点动空气压缩机转速运转，点动时节气门设置开度为全开，空气压缩机转速设定 500~1000r/min）。

⑤ 拆开空气压缩机进气和出气软管，查看叶轮是否能正常转动。

⑥ 若是空气压缩机本体损坏，则更换空气压缩机。

（2）故障解析：空气压缩机实际转速偏离目标转速超过 3500r/min

1）检查方向：检查空气压缩机是否正常转动或卡死，远程查看空气压缩机故障码。

2）检修步骤：

① 查看主网上是否有空气压缩机故障码，若有，空气压缩机设定转速，读取实际转速、空压机电流以及流量计中冷后压力、环境压力数据，初步定位故障。

② 检查空气压缩机是否正常受控（上位机点动空气压缩机转速运转，点动时 ETC 全开，空气压缩机转速设定 500~1000r/min）。

③ 若是空气压缩机损坏，则更换空气压缩机。

（3）故障解析：空气压缩机电机温度超过 160℃

1）检查方向：该故障可能是系统周围环温过高、空气压缩机长时间大功率输出、系统辅助冷却失效造成的。

2）检修步骤：

① 先查看空气压缩机电机温度、空气压缩机转速和空压机功率信号，如果温度是逐步升高至过温阈值，且空气压缩机转速高、功率大，则可能是系统周围环温过高、系统辅助冷却失效、散热不良造成的。

② 如果是温度陡然上升到最大值，则可能是空气压缩机控制器自身问题，如接插件的针脚断线等，需要进一步排查。

（4）故障解析：空气压缩机控制器温度超过 80℃

1）检查方向：该故障可能是系统周围环温过高、空气压缩机长时间大功率输出、系统辅助冷却失效造成的。

2）检修步骤：

① 先查看空气压缩机控制器温度、空气压缩机转速和空气压缩机功率信号，如果温度是逐步升高至过温阈值，且空气压缩机转速高、功率大，则可能是系统周围环温过高、系统辅助冷却失效、散热不良造成。

② 如果是温度陡然上升到最大值，则可能是空气压缩机控制器自身问题，如接插件的针脚断线等，需要进一步排查。

（5）故障解析：运行点超过空气压缩机喘振限制线

1）检查方向：检查阴极管路、空气压缩机以及节气门是否卡死。

2）检修步骤：检查空气压缩机是否发生堵塞。

① 检查节气门是否受控（上位机点动节气门设定开度，开度设定为 90°，然后再设定为 10°，听是否有"嘎达"声），若节气门损坏，则更换节气门。

② 检查尾排是否发生了堵塞，包括节气门的封胶是否拆除，尾排管内是否有异物堵塞。

③ 如果温度低于 0℃，需要检查尾排管是否有结冰堵塞。

（6）故障解析：运行点超过空压机堵塞边界线

1）检查方向：检查节阴极管路、空气压缩机以及节气门是否卡死。

2）检修步骤：

① 检查节气门是否受控（上位机点动节气门设定开度，开度设定为 90°，然后再设定为 10°，听是否有"嘎达"声），若节气门损坏，则更换节气门。

② 检查尾排是否发生了脱落。

（7）故障解析：空气压缩机转速超过 94000r/min

1）检查方向：检查空气压缩机、节气门和空气进气管路。

2）检修步骤：

① 检查空气压缩机和节气门是否正常，点动是否正常受控。

② 检查空气进气管路在额定点是否会发生吸扁，如果发生吸扁，需要更换进气管路。

6.1.5　空气压缩机更换

（1）空气压缩机更换

图 6-14~图 6-19 是空气压缩机更换孔位图，具体操作步骤如下：

1）关闭所有电气设备，断开空气压缩机高压三相线束插头和低压线束接插头。

2）用水管夹夹住空气压缩机及空气压缩机控制器进出水管。

3）松开高压线束上法兰面螺栓，并拆掉 D25 管夹片。

4）松开空气压缩机控制器出水管与空气压缩机处喉箍，并拔掉管路，对防冻液进行回收。

5）松开中冷器进气管与空气压缩机连接处的喉箍，并拔掉管路，对防冻液进行回收。

6）松开空气轴承出气管与空气压缩机连接处卡箍。

7）拆掉空气压缩机支架上的法兰面螺栓，拆下空气压缩机。

8）拆下空气压缩机接地线。

9）松开法兰面螺栓，并拆下空气压缩机环形线束左右支架。

10）拆掉六角法兰面螺栓，拆掉 2 个空气压缩机支架，取下空气压缩机。

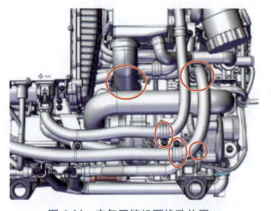

图 6-14　空气压缩机更换孔位图一

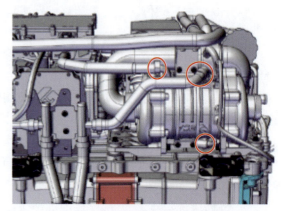

图 6-15　空气压缩机更换孔位图二

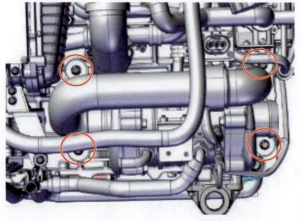

图 6-16　空气压缩机更换孔位图三

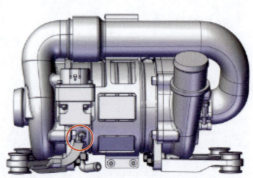

图 6-17　空气压缩机更换孔位图四

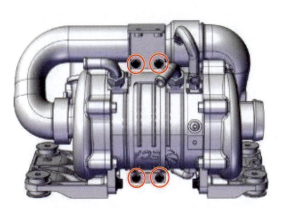

图 6-18　空气压缩机更换孔位图五

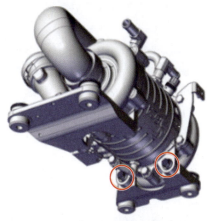

图 6-19　空气压缩机更换孔位图六

11）按拆卸相反的顺序装复空气压缩机，按标准力矩要求紧固，并用色漆笔做标记。

12）加注缺失的防冻液，并做排空处理。

（2）拆装注意事项

1）对空气轴承进气管进行规整，避免弯折、破损。

2）对脱开的管路进行防尘封堵处理。

3）保证空气轴承排气管无积水积尘。

4）安装过程中，避免物理冲击。

5）防止一切可能会对产品造成损伤的异物进入产品内。

6）安装时，确保空气压缩机出口与系统管道连接可靠，严禁松脱；运转时，空气压缩机出口严禁无压力、突然失压及堵塞；切记不可靠近高速运转的空气压缩机进出口处。

7）检查高压线束是否连接到位。

6.2　增湿器

6.2.1　增湿器基础

增湿器是氢燃料电池系统的重要部件。氢燃料电池中的质子交换膜需要有水润湿的状态下才能够传导质子，反应气通过增湿器把氢燃料电池反应所需的水带入氢燃料电池内部。常用的增湿器形式包括膜增湿器、焓轮增湿器等，其原理是把带有氢燃料电池反应生成水的尾气（湿气）与进口的反应气（干气）进行湿热交换，达到增湿的目的。由于氢燃料电池薄膜的使用，透水能力增加，加大了阴极产生水向阳极侧的反扩散能力，使得阴阳极湿度梯度变小，这样，一侧增湿即可满足反应所需的湿度要求。

氢燃料电池增湿系统的增湿方式分为自增湿和外增湿。其中，自增湿主要有两种：一种是通过物理或者化学的方法增加电解质膜的保水性能；另一种是通过改变流场结构设计来保存或分配水分，达到利用电池生成的水自增湿的目标。而增湿器就是外增湿的必要设备，增湿器通过水对空气进行增湿，从而达到增湿的目的。

目前，发展趋势是采用氢气回流泵带入反应尾气的水，系统不需要增湿器部件，使得系统得到简化。

膜增湿器中的核心部件是中空纤维膜，具有优异的水传输性能。在使用过程中，电堆排除的湿空气通过中空纤维膜将水分传输到干空气侧实现增湿。膜增湿器一般由干空气入口端盖、干空气出口端盖和中间壳体总成组成，包含干空气进、干空气出、湿空气进和湿空气出四个接口（图6-20）。

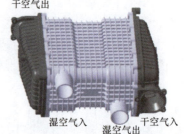

图 6-20　膜增湿器示意图

6.2.2　故障及检修方法

增湿器故障及检修方法如下：

1）故障解析：增湿器内漏程度超过 6%。

2）检查方向：检查增湿器本体。

3）检修步骤：

① 检查增湿器外壳是否损坏，各连接管路是否连接完好。

② 拆下增湿器，通过对干空气入口和干空气出口连接保压接头，并打上压力，确认压力下降是否过快。

③ 检查增湿器内漏，更换增湿器。

6.2.3　增湿器更换

图6-21～图6-28是增湿器更换孔位图，具体操作步骤如下：

1）关闭所有电气设备，断开低压线束插头。

2）拆掉螺栓，拆下空气压缩机控制器。

3）松开中冷器进水管上螺栓，并拆下单管夹片。

4）松开增湿器连接管与增湿器处的喉箍，并拔下增湿器连接管。

5）拆掉六角法兰面螺栓，拆下分水器支架。

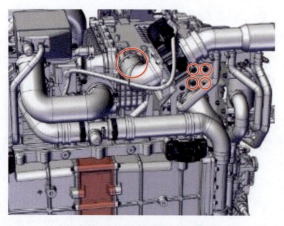

图 6-21　增湿器更换孔位图一

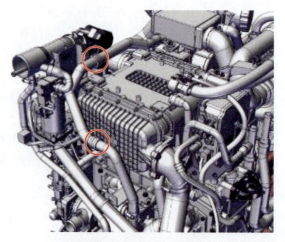

图 6-22　增湿器更换孔位图二

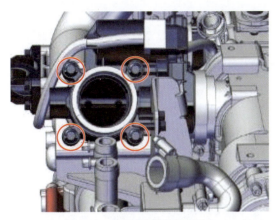

图 6-23　增湿器更换孔位图三

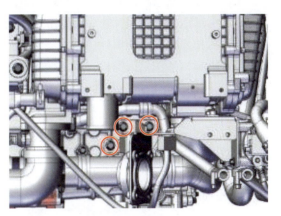

图 6-24　增湿器更换孔位图四

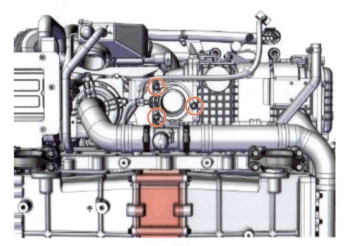

图 6-25　增湿器更换孔位图五

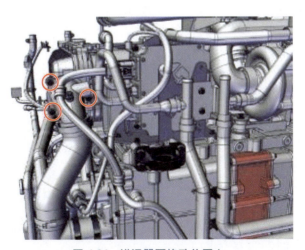

图 6-26　增湿器更换孔位图六

6）拆掉六角法兰面螺栓，并拆下节气门和 O 形密封圈。

7）拆掉六角法兰面螺栓，拆下节气门转接支架。

8）拆掉六角法兰面螺栓，拆下进气三通管和增湿器密封圈。

9）拆掉六角法兰面螺栓，拆下增湿器连接硬管和增湿器密封圈。

10）拆掉六角法兰面螺栓，拆下空气轴承排气管单管夹片。

11）拆掉六角法兰面螺栓，并拆下增湿器支架，然后再拆下增湿器。

12）松开电堆出气管与增湿器处的喉箍，并拔下电堆出气管。

13）按拆卸相反的顺序装复增湿器，按标准力矩要求紧固，并用色漆笔做标记。

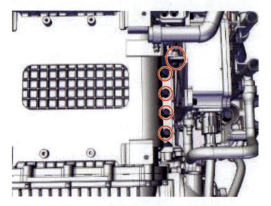

图 6-27　增湿器更换孔位图七

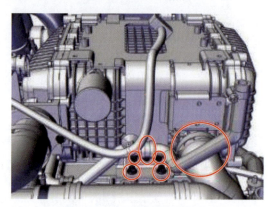

图 6-28　增湿器更换孔位图八

拆装注意事项包括：避免磕碰；拆下后需及时封住增湿器的四个管口，以保证清洁度。

6.3　中冷器

6.3.1　中冷器基础

中冷器的本质为换热器，它的作用是冷却来自空气压缩机的压缩空气，通过冷却液和空气的热交换来降低压缩空气温度，使进入电堆的空气温度在合理的范围内。中冷器主要结构由芯体、主板、水室和气室组成（图 6-29）。中冷器的特点是热交换量大、清洁度要求高及离子释放率低。

在氢燃料电池阴极子系统中，空气需要经过空气压缩机压缩后再送入电堆中，然而空气经过空气压缩机后，其温度会迅速升高，最高可达 150℃左右，高温空气直接进入电堆会造成电堆性能的下降，甚至造成质子交换膜的损坏。因此，为了使空气温度达到氢燃料电池的工作温度（约 80℃），需要先将高温高压的空气通入中冷器，通过循环冷却水降低其温度。

中冷器根据换热操作过程不同可分为间壁

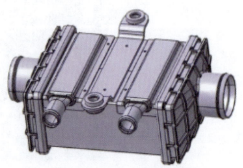

图 6-29　中冷器示意图

式、混合式及蓄热式三大类。间壁式中冷器是工程实际中应用最广泛的一种，可以细分为套管式、管壳式、交叉流式、板式和螺旋板式。氢燃料电池系统大多使用间壁式中冷器。按冷却介质不同，间壁式中冷器可分为水冷和风冷两大类，表 6-2 为风冷式和水冷式中冷器特点比较。

表 6-2　风冷式和水冷式中冷器对比

中冷器类型	材质	冷却介质	优点	缺点
水冷式	铝	水/乙二醇混合物	质量轻，换热效率高	不耐腐蚀
	不锈钢	去离子水	耐腐蚀，换热效率高	质量较大
风冷式	铝	空气	质量较小	换热效率低，体积较大

氢燃料电池空气供给系统中冷器换热系统由中冷器、电子水泵、散热风扇、连接管路构成，使用 PWM 控制风扇转速和水泵转速，从而调节进入中冷器的冷却液温度以及流量。中冷器连接结构如图 6-30 所示。

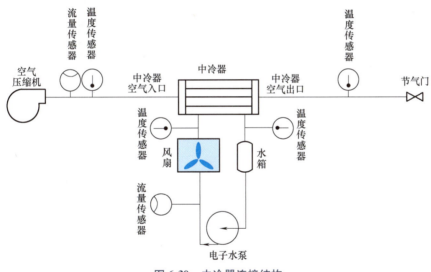

图 6-30　中冷器连接结构

6.3.2　主要故障

中冷器主要是金属机械结构，其主要问题表现为中冷器焊合位置出现开裂导致漏水。

6.3.3　中冷器更换

图 6-31 是中冷器更换孔位图，具体操作步骤如下：
1）使用水管夹，将中冷器的进出水管夹紧。
2）松开中冷器进气管与中冷器处的喉箍，并拔下中冷器进气管。
3）松开中冷器出气管与中冷器处的喉箍，并拔下中冷器出气管。
4）松开中冷器进水管与中冷器处弹簧环箍，并拔下中冷器进水管。

5）松开中冷器出水管与中冷器处弹簧环箍，并拔下中冷器出水管。

6）松开防喘阀进气管与中冷器处的喉箍，并拔下防喘阀进气管。

7）松开通风进气管与中冷器处弹簧环箍，并拔下通风进气管。

8）拆掉六角法兰面螺栓，并拆下中冷器。

9）按拆卸相反的顺序装复，按标准力矩要求紧固，并用色漆笔做标记。

10）补充缺失的防冻液。

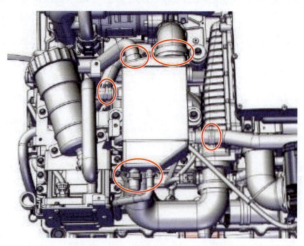

图 6-31　中冷器更换孔位图

拆装中冷器时要注意避免磕碰并保证清洁度。

6.4　阀体及其他

6.4.1　节气门

节气门安装于电池堆排气管上，通过控制节气门内部阀板开度来调节电堆空气流量和压力，在保证电堆内部各腔压力平衡的同时，可以让氧气在电池堆内部得到充分的利用（图 6-32）。

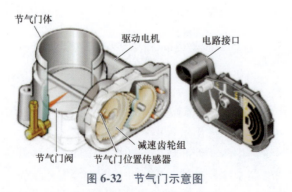

图 6-32　节气门示意图

6.4.2　空气滤芯

空滤的作用是对进入氢燃料电池的空气进行有效的过滤（包括颗粒物和相关化学物质），防止造成对氢燃料电池的污染。

空滤中的滤芯需要按照规定进行定期更换维护，一般区域更换周期为 20000km/年。

6.5　维修实训

6.5.1　实训案例一：节气门卡滞故障维修

1）实训目标：掌握根据故障码及远程数据分析故障原因，并结合上位机软件实操完成问题诊断，实操节气门更换。

2）故障现象：氢燃料电池故障灯点亮，提示氢燃料电池故障。

3）数据诊断：

① 通过车联网监控平台查看对应车辆报的故障码情况，发现该车报 FCU 记录有故障码。

② 从故障码进行解析，是节气门故障：节气门设定开度和反馈开度偏差超过阈值，分析为氢燃料电池系统空气路出现了异常。

③ 进一步调取节气门和空路压力数据进行分析，发现在故障时的节气门设定和实际反馈信号有明显偏差，而且空路压力也是在节气门开度变小的情况下升高的，因此初步怀疑为节气门原因。

4）现场诊断及维修实操：

① 到达现场后，使用上位机点控节气门开度，从 10°～90°进行切换，未听到明显的"嘎达"的声音，怀疑节气门没按设定要求开启。

② 将与节气门连接的尾排管拆下，再点控确认在节气门开度设定为 90°时，节气门的阀板只是微微抖动了一下，并未按设定要求打开，因此分析节气门卡滞或者节气门供电异常。

③ 在整车上低压电的情况下，测量线束端供电正常，确认了节气门本体故障。

④ 用新的节气门与线束对接，再次点控确认节气门可按设定要求开启，安排更换新的节气门。

⑤ 更换后，正常启动，此时氢燃料电池工作正常。

6.5.2　实训案例二：空气压缩机故障处理

1）实训目标：掌握根据故障码及远程数据分析故障原因，并结合上位机软件实操完成问题诊断，实操空气压缩机更换。

2）故障现象：氢燃料电池系统故障灯点亮，氢燃料电池不工作。

3）数据诊断：

① 查看数据 FCU 记录故障码。

② 对故障码进行解析，确认空气压缩机停机/降级故障、空气压缩机转速偏离、空气压

缩机实际转速偏离目标转速数值，初步怀疑为空气压缩机故障方向。

③ 分析空气压缩机转速数据，发现空气压缩机反馈转速和实际转速偏差较大，直至报故障，且空气流量逐步下降，节气门开度设定和实际反馈一致；进一步查看空气压缩机高压电数据稳定，可以排除高压输入异常导致。从上面数据分析，初步可以锁定空气压缩机本体故障。

4）现场诊断及维修实操：

① 现场尝试上位机点控，将节气门（ETC）设定为90°，并让整车上高压，设定空气压缩机转速1000r/min，此时发现空气压缩机无实际转速信号反馈，而且也无空气流量，判断空气压缩机本体或者供电异常。

② 整车断电，拔开空气压缩机高压线和低压线进行查看，未发现有线束接插不良和针脚异常情况，判断为空气压缩机本体故障。

③ 安排按标准维修作业指导要求更换新的空气压缩机。

④ 更换完成后，整车上高压电，确认空气压缩机高压供电正常，再次点控空气压缩机，确认空气压缩机实际转速和设定转速一致，且空气流量和转速相匹配。

⑤ 正常启动，氢燃料电池工作正常。

第7章　高压储氢系统故障检测与维修

　　车载供氢系统是氢燃料电池汽车的重要组成部分，主要作用是给氢燃料电池提供氢气。高压储氢系统作为车载供氢系统中的一部分，主要作用是安全地存储氢气以及向氢气供应系统输送氢气，它是车载供氢系统的源头，决定了车载供氢系统能够向氢燃料电池输送多少"能量"。

　　因配置及要求各有不同，高压储氢系统结构也会随之变化，例如单瓶组系统、两瓶组系统、多瓶组系统等，图7-1为三瓶组储氢系统结构图。从功能上划分，高压储氢系统可以划分为四个部分：储氢、加氢、输氢以及监控部分。储氢部分主要是用于高压氢气的存储，目前按照压力区分有35MPa及70MPa两种规格，主要由高压储氢瓶、瓶口阀、瓶尾阀组成；加氢部分主要是作为端口，接收外部来源氢气，并输送到储氢瓶内；输氢部分主要将高压储氢瓶内的氢气进行一定减压并输送到用气端；监控部分主要作用是监测系统各部位压力以及高压储氢瓶内部温度，从而实时了解系统的运行情况。从组成部件上划分可以分为以下三个部分：高压储氢瓶、高压阀门、监控元件。下面围绕这三个部分，对其结构、功能以及相关维修做简单的介绍。

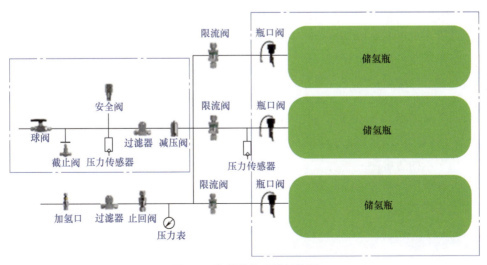

图 7-1　车载储氢系统结构图

7.1 高压储氢瓶

储氢瓶的主要作用是储存氢气，常用压力为 35MPa 和 70MPa。当前国内的 Ⅲ 型瓶 35MPa 的储氢质量密度在 4.0%~4.5% 之间，Ⅲ 型瓶 70MPa 的储氢质量密度在 4.0% 左右；相较于国外丰田 6.0% 和现代 5.7% 的储氢质量密度，国内目前的技术发展水平处于相对落后状态。

储氢瓶的尺寸与重量并无通用要求，现阶段在朝向大尺寸、大容量、高压力方向发展，当前国内 35MPa 储氢瓶的最大容积可达到 385L，70MPa 目前已完成认证的最大储氢瓶容积达 198L（图 7-2）。斯林达、中材、天海、科泰克等是国内储氢瓶的代表企业。

图 7-2 储氢瓶

按照国内市场的要求，储氢瓶需按照 GB/T 35544—2017《车用压缩氢气铝内胆碳纤维全缠绕气瓶》的要求完成对应的强检报告。其中 70MPa 储氢瓶需按照试验要求完成氢循环试验报告。同时，储氢瓶生产企业也需有相应的生产资质，在供货时提供气瓶的监检报告等材料。

7.1.1 高压储氢瓶分类

高压储氢瓶目前分为 4 种型号：全金属气瓶（Ⅰ 型）、金属内胆纤维环向缠绕气瓶（Ⅱ 型）、金属内胆纤维全缠绕气瓶（Ⅲ 型）、非金属内胆纤维全缠绕气瓶（Ⅳ 型）。其中 Ⅰ 型和 Ⅱ 型气瓶重容比较大，难以满足单位质量储氢密度要求，用于车载供氢系统并不理想。国内外燃料电池车载储氢瓶多为 Ⅲ 型、Ⅳ 型。

金属内胆纤维全缠绕气瓶（Ⅲ 型）、非金属内胆纤维全缠绕气瓶（Ⅳ 型）仅仅是内衬材料不同，其他结构和制造工艺基本是一致的。两种内胆材料各有自己的适用范围。金属内胆纤维全缠绕气瓶（Ⅲ 型）使用金属内胆（通常选用铝合金），外层用高强纤维复合材料通过横向+纵向，或螺旋等方式缠绕制成。金属内胆高压容器技术是从金属压力容器逐渐演变来的，已有几十年的历史。

而非金属内胆纤维全缠绕气瓶（Ⅳ 型）开发的目的是在金属内衬基础上进一步降低容器的自重，并降低成本，内胆材料通常选用高密度聚乙烯（HDPE）。

7.1.2 内胆材料对比

金属内胆以铝合金为例，塑料内胆以高密度聚乙烯为例，以下对两种内胆材料的优劣势进行对比。

（1）铝合金内胆的优势

1）一般铝合金内胆采用旋压成型，整体结构无缝隙，可防止渗漏。

2）由于气体不能透过铝合金内胆，因此采用该类内胆的气瓶可长期储存气体，无泄漏。

3）在铝合金内胆外采用复合材料缠绕层后，施加的纤维张力使内胆有很高的压缩应力，因此大大提高了气瓶的气压循环寿命。

4）铝合金内胆在很大的温度范围内都是稳定的，高压气体快速泄压时温降高达 35℃ 以上，而铝合金内胆可不受此温度波动的影响。

5）对复合材料气瓶而言，采用铝合金内胆稳定性好，抗碰撞，一般情况下，铝合金内胆比塑料内胆的抗损伤能力强得多。

（2）铝合金内胆劣势

复合材料用铝内胆通常很贵，其价格取决于规格，而新规格内胆研究周期长。

（3）塑料内胆的优势

1）成本比金属内胆低。

2）高压循环寿命长，塑料内胆的复合材料气瓶压力从 0 到使用条件，能工作 10 万余次。

3）塑料内胆比金属内胆更耐腐蚀。

（4）塑料内胆的劣势

1）易通过接头发生氢气泄漏。塑料内胆与金属接头之间很难获得可靠的密封，高压气体分子易浸入塑料与金属结合处，当内部气体迅速释放时，会产生极大的膨胀力，因塑料与金属之间热膨胀系数的差异，随着使用时间延长，金属与塑料间的黏结力将削弱。在载荷不变的条件下，最后塑料也将趋于凸出或凹陷，从而导致氢气泄漏。

2）抗外力能力低。由于塑料结构对纤维缠绕层没有增强或提高刚度的作用，因此，需增强气瓶的外加厚度。

3）塑料内胆对温度敏感。

4）塑料内胆刚度低，这使制造过程中容器的变形较大，会增加操作时的附加应力，降低容器的承压能力。

7.1.3　典型高压储氢瓶

以丰田 Mirai 使用高压储氢瓶为例：高压储氢瓶由最内层的塑料构成内衬，以密封氢气，并被能够承受高压的坚固碳纤维增强树脂层（Carbon Fiber Rein forced Plastic，CFRP）包围；CFRP 层之外是玻璃纤维强化树脂层（Glass Fiber Rein forced Plastic，GFRP），用以承受冲击；最外层是含有膨胀石墨的耐火聚氨酯保护层和防跌落的耐冲击聚氨酯保护层；铝法兰位于储氢瓶内衬的两端，其中一端用于阀门配件安装。通过改进 CFRP 层结构和减少材料用量，减轻了新开发的高压储氢瓶的重量。图 7-3 所示为高压储氢瓶的压层图示。

通常，高压储氢瓶 CFRP 层压结构采用以下三种类型的缠绕方法组合：使用环向缠绕来

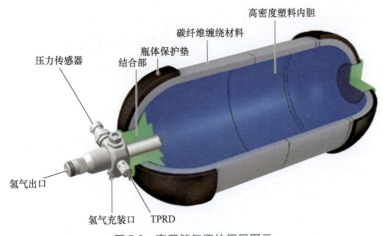

图 7-3　高压储氢瓶的压层图示

增强储氢瓶的中心区域；小角度螺旋缠绕来增强圆顶区域（沿轴向）；大角度螺旋缠绕以加强这些区域的边界。必要时，为了加强边界区域所需的强度，大角度螺旋绕组也缠绕到中心区域上。由于大角度螺旋绕组以 70° 的角度缠绕在储氢瓶的中央区域，因此加强效果不大，如图 7-4 所示。

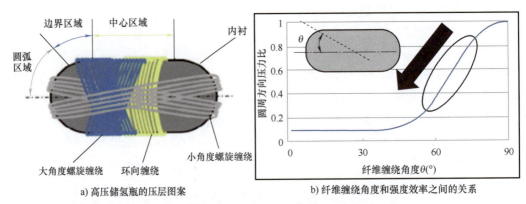

a) 高压储氢瓶的压层图案　　　　　b) 纤维缠绕角度和强度效率之间的关系

图 7-4　纤维缠绕角度和强度效率之间的关系

7.2　高压阀门及减压阀

高压储氢系统上使用的阀门主要包含瓶口阀、瓶尾阀、加氢口、过滤器、限流阀（过流阀）、单向阀（止回阀）、针型截止阀（针阀）、球阀、安全阀以及减压阀（图 7-5）。下面就各种阀门的结构、功能以及相关维修做简单的介绍。

7.2.1　阀门介绍

1. 瓶口阀

瓶口阀为组合式阀门，该系列阀门一般集成电磁阀、应急截止阀、限流阀、温控泄放装

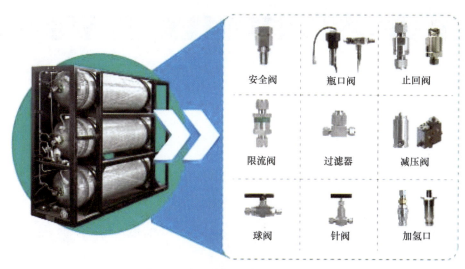

图 7-5　高压储氢系统上使用的阀门

置（Temperature Pressure Relief Device，TPRD）、温度传感装置，并预留了压力传感器接口。该阀门安装在高压储氢瓶的瓶口，用于控制气体进出。瓶口阀外观与结构如图 7-6、图 7-7所示。

图 7-6　瓶口阀外观

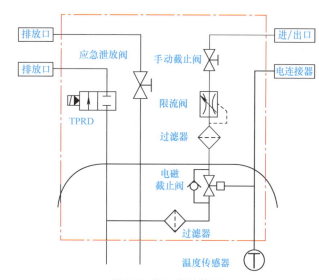

图 7-7　瓶口阀结构图

车辆加注氢气时，气体经过进气口、应急截止阀、电磁阀进入瓶内；车辆行驶时，瓶口阀通电，电磁阀开启，气体流向燃料电池进行化学反应。当车辆突发紧急情况，车辆不能继续行驶时，可使用专用工具将应急截止阀关闭，防止气体泄漏。若瓶内温度达到110℃以上的高温时，温控泄放装置则会立即响应，感温介质产生变化，使泄放装置密封失效，氢气从温控泄放装置出口排放，避免发生爆燃、爆炸情况。瓶口阀主要技术参数见表 7-1。

表 7-1 瓶口阀主要技术参数表

参数名称	数值
工作压力	70MPa（温度为 23℃）
最大工作压力	87.5MPa（温度为 85℃）
温度范围	−40℃～85℃
TPRD 泄放温度	110±5℃
适用介质	压缩氢气
瓶口螺纹规格	2″-12UN -2A
入口螺纹规格	SAE 9/16″-18UNF-2B
出口螺纹规格	SAE 9/16″-18UNF-2B
TPRD 放泄口螺纹规格	SAE 7/16″-20UNF-2B

2. 瓶尾阀

瓶尾阀安装在高压储氢瓶的瓶尾，包含温控泄放装置（TPRD）。其功能与瓶口阀上的温控泄放装置一样，在储氢瓶周边着火的情况下，氢气可通过泄放装置出口排除，避免出现爆燃、爆炸情况。

3. 加氢口

加氢口是外部气源与供氢系统连接的端口，与加氢枪匹配使用。一般加氢口包含止回、过滤功能，与加氢枪连接后，介质经过滤芯过滤杂质并通过自身能量将加氢口内阀芯顶开，实现对介质的过滤及流通功能。加注完成后，加氢口内阀芯自动弹回，实现密封截断功能，且加氢口出口端压力高于入口端压力，进一步加强密封作用。

4. 过滤器

过滤器是输送介质的管道系统不可缺少的一种装置，其原理是介质通过过滤器内部滤芯时，过滤管路及介质中超过一定体积大小的杂质，其作用是过滤介质中的杂质，以保护设备管道上的配件免受磨损和堵塞。介质内部存在颗粒过大的杂质，轻则影响阀门及管路密封，重则影响系统寿命，因此过滤器的存在对于车载供氢系统尤为重要。高压储氢系统上一般在加氢口后端、减压阀后端均装有过滤器，且加氢口本身也带有过滤功能，其工作原理及功能与过滤器一样。

5. 限流阀（过流阀）

限流阀的主要功能是防止管道中的介质压力或流量过大而产生危险，通过限制介质的流动从而能够起到保护管路及其他设备的作用。其内部结构上一般包含弹簧及阀芯，阀芯采用特殊结构控制流量大小，介质流通时阀芯向后移动，当达到一定流量时，阀芯可流通面积减小实现限流功能。高压储氢系统的限流阀安装在储氢瓶前端，防止进入储氢瓶内气体流量或压力异常，对瓶口阀及储氢瓶起到一定保护作用。大多瓶口阀内部也设有限流功能结构，其工作原理及功能与限流阀一样。

6. 单向阀（止回阀）

单向阀是一种自动阀门，依靠介质本身的作用力，达到自动开启及关闭的目的，以此防止出现介质倒流的情况。其结构上一般包含弹簧及阀芯，介质正向流通时，阀芯向后移动，压缩弹簧，阀门开启，反向流通时在弹簧及介质压力的作用下阀门关闭。高压储氢系统的单向阀一般安装在加氢口后端，防止储氢系统中气体流向加注管路。

7. 针型截止阀及球阀

针型截止阀（针阀）及球阀在管路中主要用来切断、分配和改变介质的流动方向。相比较而言，球阀转动力矩小、开关迅速、流阻小，适合用在对流阻要求严格或需快速切断场合。高压储氢系统的球阀安装在供氢系统低压段，可保证介质通过的同时，避免流阻变化过大对后端用氢系统产生影响。针型截止阀开关较慢，流阻较大，但成本低，适合用在对流阻要求不高的位置，尤其是放空管路，还可避免瞬间流量过大带来的安全隐患。

8. 安全阀

安全阀是一种自动阀门，依靠介质本身的作用力来排出额定数量的流体，以防止系统内压力超过预定的安全值，当恢复正常压力后，阀门自行关闭并阻止介质的继续流出。高压储氢系统的安全阀安装在减压阀后端，主要是保证供氢系统低压段气体不超过一定压力，避免超压情况对后端系统产生损伤。

9. 减压阀

减压阀是安装在高压氢气管路，控制进入电堆气体压力的装置，通过机械调节，实现调节稳定阀后压力。车载供氢系统上减压阀的存在十分重要，不仅是将储氢端输入的不同压力的气体调节至低压，也需要在稳定输出压力的同时保证燃料电池正常工作的流量要求。减压阀按减压舱数量可以划分为单级减压、双级减压、多级减压，一般来讲多级减压输出压力更加稳定，但成本更高。因为减压阀的结构特性决定了其体积相对高压储氢系统上的其他阀门较大，所以一般会在减压阀上集成其他功能组件，如过滤器、压力传感器、手动泄放阀、安全阀甚至电磁控制阀，这样不仅节省了整体系统的空间，同时也降低了成本。

7.2.2　阀门的故障及主要检修方法

高压储氢系统上的阀门是否正常，关乎整套供氢系统能否安全可靠地运行，但作为系统上的高频件及易损件在使用中无可避免会出现一些故障，因此了解阀门的故障情况以及如何快速准确地进行阀门检修是十分必要的。这里将阀门的故障情况分为内漏、外漏、其他故障三个方面，并分别做简要的介绍（图7-8）。

阀门外漏是指介质从该处泄漏会直接流向外界环境中，对于车载供氢系统而言，阀门外漏故障会导致氢气直接泄漏到空气当中，产生较大安全隐患。上述所有阀门均会涉及阀门外漏，如阀门与管路连接处、阀门体盖连接处、截止阀及球阀阀杆填料处等。外漏的发生从本质上来讲都是

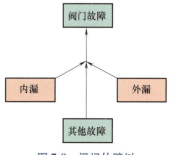

图 7-8　阀门故障树

连接密封处出现了变化，无法继续维持密封状态，这些变化中有的是可逆的，如连接处松动，重新紧固即可；有的是不可逆的，如密封件损伤、老化，则需要更换密封件。总之，对于阀门外漏的情况首先需确认泄漏点，再根据该处的密封形式确认维修方式，维修方式总的来讲分为加强紧固、更换密封件、更换阀门三种。

　　阀门内漏是指阀门内部密封不严，介质无法完全被截流，主要发生在内部设置对流体有截断功能结构的阀门，如截止阀、球阀、安全阀、单向阀等。阀门内漏的产生本质上是密封件出现了变化，无法继续维持密封状态，这些变化中有的是可逆的，如杂质附着但未使密封件变形，吹扫管路、清除杂质即可；有的是不可逆的，如密封件损伤、老化，则需要更换密封件，甚至有些情况下，阀门本体与密封件接触的位置出现不可逆变化，则需要直接更换阀门。

　　其他故障主要是指除内漏、外漏以外的故障，如开关阀门力矩变大、介质流通流阻变大、电磁阀正常电压无法开启等。其他故障需要根据具体阀门特殊功能采取特殊方法分析对应。

　　下面就典型阀门的故障情况及维修方案做具体介绍，见表7-2~表7-4。

表 7-2　瓶口阀故障分类

故障位置	故障现象	检测方式	维修方法
阀体	阀体与气瓶连接处泄漏	肥皂水喷抹在确定位置，氢气检漏仪测定泄漏量	1）排空瓶内气体，使用扭力扳手，以推荐的安装力矩紧固阀门，再次检漏 2）故障若无改善，拆卸阀门，检查阀门与气瓶的密封面是否有划伤，密封圈外表面是否完好
应急截止阀	应急截止阀外漏		1）排空阀内气体，使用专用工装，以推荐的安装力矩紧固阀门，再次检漏 2）故障若无改善，吹扫管路，拆卸阀门，检查阀门与瓶口阀体的密封面是否有划伤，密封圈外表面是否完好
	应急截止阀内漏		吹扫管路，拆卸阀门，检查阀门的密封面是否有划伤，密封圈外表面是否完好
	应急截止阀密封失效		1）吹扫管路，拆卸阀门，更换应急截止阀 2）故障若无改善，更换瓶口阀
电磁阀	电磁阀密封失效		1）确认接插件有无退针、接错线情况 2）故障若无改善，更换瓶口阀
	电磁阀通电无法打开		使用专用工具将瓶内气体放空，放气后电磁阀报废，更换新电磁阀
温控泄放装置（TPRD）	TPRD密封失效		排空阀内气体，吹扫管路，拆卸TPRD，检查阀门的密封面是否有划伤，密封圈外表面是否完好
温度传感装置	温度瞬时异常	万用表测定电阻值，与传感器电阻值对照表对比	评估阀门附近是否受电磁影响
	温度一直异常		1）确认接插件有无退针、接错线情况 2）故障若无改善，更换瓶口阀

表 7-3　加氢口故障分类

故障分类		检测方式	维修方法
外漏	连接处外漏	肥皂水喷抹在确定位置，氢气检漏仪测定泄漏量	重新紧固紧固件，若无改善则更换连接处 O 形圈或更换阀门
	阀门加氢前泄漏		吹扫确认是否为残留气体，若无改善则更换密封件或更换阀门
	阀门加氢时泄漏		确认泄漏量是否持续增加，如稳定在某较小值可关注加注完成后泄漏情况，若较大且持续上升，则更换加氢端口 O 形圈
	阀门加氢后泄漏		加氢后加氢端口内容易产生残留氢气，且不易散去，可进行吹扫，等待一定时间后再次检测，若无改善则更换加氢口内密封件或加氢口整阀
流阻过大	滤芯堵塞	观察加氢机压力或流量数据	拆卸阀门清洗滤芯或更换阀门

表 7-4　减压阀故障分类

故障分类		检测方式	维修方法
外漏	连接处外漏	肥皂水喷抹在确定位置，氢气检漏仪测定泄漏量	重新紧固紧固件，若无改善则更换连接处 O 形圈或更换阀门
	活塞呼吸孔泄漏		吹扫确认是否为残留气体，若无改善则更换密封件或更换阀门
内漏	阀后压力持续上升，无法稳压		更换密封件或阀门

7.3　温度压力传感器

7.3.1　陶瓷压敏电容

　　陶瓷电容技术采用固定式陶瓷基座电极和可动陶瓷膜片电极结构，可动膜片通过玻璃浆料等方式与基座密封固定在一起，两者之间内侧印刷电极图形，从而形成一个可变电容。当膜片上所承受的介质压力变化时，两者之间的电容量随之发生变化，通过调理芯片将该信号进行转换调理后输出给后级使用。其测量范围取决于陶瓷膜片的厚度。它属于干式传感器（介电物质），温度影响小，不需要温度补偿。陶瓷电容技术具有成本适中、量程范围宽、温度特性好以及一致性、长期稳定性好等优势。

7.3.2　扩散硅压敏电阻

　　单晶硅在受到外力作用产生极微小应变时，其内部原子结构的电子能级状态会发生变化，从而导致其电阻率剧烈变化（G 因子突变）。被测介质的压力直接作用于传感器的不锈钢膜片，使膜片产生与介质压力成正比的微位移，使内部封装的单晶硅的电阻值发生变化，利用电子线路检测这一变化，并转换输出一个对应于这一压力的标准测量信号。

不锈钢膜片扩散硅电阻利用以上原理，适合制作小量程的传感器，硅芯片的这种压敏电阻的压阻效应在零点附近的低量程段无死区，制作压力传感器的量程可小到 10kPa 以内。扩散硅压敏电阻具有以下特点：

1）输出灵敏度高。硅应变电阻的灵敏因子比金属应变计高 50~100 倍，故相应的传感器的灵敏度就很高，一般量程输出为 100mV 左右，因此对接口电路无特殊要求，使用比较方便。

2）精度高。由于传感器的感受、敏感转换和检测三部分由同一个元件实现，没有中间转换环节，重复性和迟滞误差较小。由于单晶硅本身刚度很大，变形很小，保证了良好的线性。

3）可靠性高。由于工作弹性形变低至微应变数量级，弹性芯片最大位移在亚微米数量级，因而无磨损、无疲劳、无老化，寿命长达 1×10^3 压力循环，性能稳定，可靠性高。但是，由于膜片很薄，膜片最大位移小，如果外力碰撞致使超量程，会造成零点漂移或者损坏。

4）温度补偿。扩散硅有一定的温度特性，没有温度补偿，测量误差可能会比较大。

7.3.3 NTC 热敏电阻

NTC 负温度系数热敏电阻器是以锰、钴、镍和铜等金属氧化物作为主要材料，采用陶瓷工艺制造而成的。这些金属氧化物材料都具有半导体性质，在导电方式上完全类似锗、硅等半导体材料。温度低时，这些氧化物材料的载流子（电子和孔穴）数目少，所以其电阻值较高；随着温度的升高，载流子数目增加，所以电阻值降低。NTC 热敏电阻器在室温下的变化范围在 $100 \sim 1000000 \Omega$，温度系数 $-6.5\% \sim -2\%$。

7.3.4 铂电阻

薄膜铂（Pt）电阻采用真空沉积的薄膜技术把铂溅射在陶瓷基片上，膜厚在 $2\mu m$ 以内，用玻璃烧结料把 Ni（或 Pd）引线固定，经激光调阻制成薄膜元件。铂电阻利用其阻值在一定的温度范围内随温度呈基本线性变化的原理进行温度的测量，具有稳定性好、测量范围宽、精确度高、重复性好等诸多技术优势。

铂电阻按 0℃ 时的电阻值大小分为 10Ω（分度号为 Pt10）和 100Ω（分度号为 Pt100）等规格，测温范围为 -200~850℃。

感温元件骨架的材质也是决定铂电阻使用温区的主要因素，常见的感温元件有陶瓷元件、玻璃元件、云母元件。由于骨架材料本身的性能不同，陶瓷元件适用于 850℃ 以下温区，玻璃元件适用于 550℃ 以下温区。

7.3.5 传感器常用特性参数

传感器常用的特性参数如下：

1）测量范围：在允许误差限内被测量值的范围称为测量范围。

2）上限值：测量范围的最高值称为测量范围的上限值。

3）下限值：测量范围的最低值称为测量范围的下限值。

4）量程：测量范围的上限值和下限值的代数差就是量程。

5）准确度：被测量的测量结果与真值间的一致程度。

6）重复性：相同测量条件下，对同一被测量进行连续多次测量所得结果之间的一致性。

7）蠕变：当被测量及其所有环境条件保持恒定时，在规定时间内输出量的变化。

8）迟滞：在规定的范围内，当被测量值增加或减少时，输出中出现的最大差值。

9）激励：为使传感器正常工作而施加的外部能量，一般是电压或电流。施加的电压或电流不同，传感器的输出值等参数也不同，所以有的参数，如零点输出、上限值输出、漂移等参数要在规定的激励条件下测量。

10）零点漂移：在规定的时间间隔及标准条件下，零点输出值的变化。由于周围温度变化引起的零点漂移称为热零点漂移。

11）过载：通常是指能够加在传感器/变送器上不致引起性能永久性变化的被测量的最大值。

12）稳定性：传感器/变送器在规定的条件下储存、试验或使用，经历规定的时间后，仍能保持原来特性参数的能力。

13）可靠性：传感器/变送器在规定的条件下和规定的时间内完成所需功能的能力。

7.4　维修实训

7.4.1　减压阀故障

（1）减压阀不减压

该故障一般指的是当减压阀进气压力与出气压力接近，减压器没有将储氢瓶中压力降为使用压力。

1）故障原因：主阀芯上或阀体孔沉割槽棱边上有毛刺或者主阀芯与阀体孔之间的间隙里卡有污物，或者因主阀芯或阀孔形位公差超差，产生卡紧，将主阀芯卡死在最大开度的位置上，由于开口大，氢气不减压。

2）处理方法：将减压阀拆下，根据说明书拆开后分别采取去毛刺、清洗和修复阀孔和阀芯精度的方法予以排除。

（2）压力自行升高

该故障一般指的是当减压阀出气压力调定后，管道中的压力并未稳定，压力是波动上升。

1）故障原因：

① 弹簧变形或在滑阀中卡住，使滑阀移动困难或弹簧太软。

② 阻尼孔有时堵塞。

③ 固态杂质混入氢气，使阀芯卡住。

2）处理方法：

① 更换弹簧。

② 清理阻尼孔。

③ 拆开阀体，调整阀芯。

7.4.2 卡套漏气

卡套的外漏一般指的是当卡套拧紧后，卡套出现气体的渗漏。

（1）判断方式

1）气体泄漏量较大时，可明显从泄漏部位听见气体逸散时发出的"嘶嘶"声，将测漏液滴在泄漏处会有明显的鼓泡。

2）气体泄漏量较低时，因无法直接通过感官判断，这种情况则需将测漏液滴在上面观测。

（2）处理方式

1）将管道气体排空。

2）使用扳手将泄漏处卡套松开。

3）重新拧紧卡套。

（3）注意事项

1）如果重新拧紧后仍有漏气情况存在，这需要检查卡套部分是否有划伤，如果有划伤则需要将现有管道隔断后重新安装。

2）卡套上禁止缠绕生料带及 502 胶等产品。

3）禁止带压操作。

4）卡套重新安装后应通气测试，且针对氢气应使用手持式嗅敏仪进行测试。

7.4.3 管路试验

车载供氢系统无论在初次安装或者是在检修后，均应通过压力试验后才可投入使用。管道试验表见表 7-5，管道试验压力曲线如图 7-9 所示。

表 7-5　管道试验表（适用于 70MPa 氢系统）

试压			
压力类型		确定方式	
最大工作压力 PT		实际计算或其他要求	
设计压力 PE		1.1~1.5PT	
耐压试验压力 PS		1.05~1.1PE	
安全阀起跳压力		1.1~1.5 工作压力，且大于 PT 小于 PE	
吹扫			
介质	压力	速度	合格判定
99.5% 氮气	0.1~0.3MPa	20m/s	白色油漆板，10min 无铁锈杂质

（续）

置换			
介质	压力	目标	合格判定
99.5%氮气	氮气钢瓶	空气	含氧量<1%，保持 0.2MPa
氢系统吹扫置换			
阶段	吹扫置换		要求
投运、检修	氮气吹扫置换+氢气置换		含氢量<0.4%或含氧量<0.5%，按氢气使用纯度要求
停放、运输	氮气吹扫置换		含氢量<0.4%或含氧量<0.5%，保持 0.3MPa
压力置换			

$$增压：\frac{P_1V}{T}=n_1R \Bigg\} \Rightarrow n_1=\frac{P_1}{P}n \quad \omega_1=\frac{n}{n_1}=\frac{P}{P_1}$$

$$初始：\frac{PV}{T}=nR$$

$$减压：\frac{P_2V}{T}=n_2R \Bigg\} \Rightarrow n_2=\frac{P_2}{P}n$$

$$\omega_s=\frac{n_2\omega_s-1}{n_1}=\frac{P_2}{P_1}\omega_{s-1}$$

$$=\left(\frac{P_2}{P_1}\right)^2\omega_{s-2}=\left(\frac{P_2}{P_1}\right)^{s-1}\omega_1$$

$$=\left(\frac{P_2}{P_1}\right)^{s-1}\left(\frac{P}{P_1}\right)=\frac{P_2^{s-1}}{P_1^s}P$$

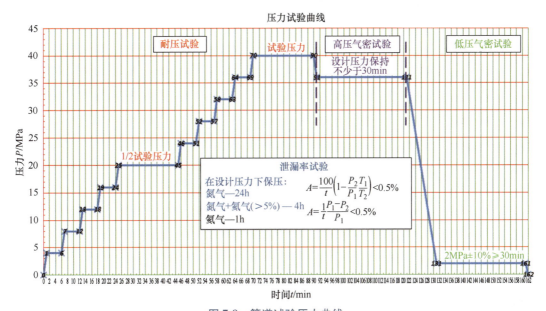

图 7-9　管道试验压力曲线

第 8 章　氢气供应系统故障检测与维修

根据 GB/T 24548—2009《燃料电池电动汽车 术语》中的定义，车载供氢系统指氢燃料电池电动汽车上燃料经过的所有零部件的集合，包括储氢容器、压力调节装置、管路及附件等。GB/T 26990—2011《燃料电池电动汽车 车载氢系统 技术条件》的附录中给出了车载供氢系统的示意图，如图 8-1 所示。

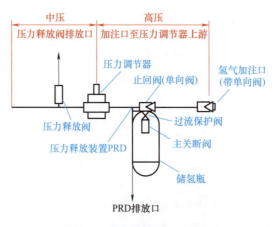

图 8-1　车载供氢系统示意图

8.1　氢气供应系统基础

8.1.1　氢气供应系统组成

车载供氢系统作为氢燃料电池汽车的氢气存储与供给系统，为氢燃料电池堆提供稳定的氢气气源，是保障氢燃料电池汽车安全、可靠行驶的关键。车载供氢系统主要包括储氢瓶、瓶阀、减压阀、加氢口、放空手阀、单向阀、控制器、压力传感器和管路等（图 8-2）。

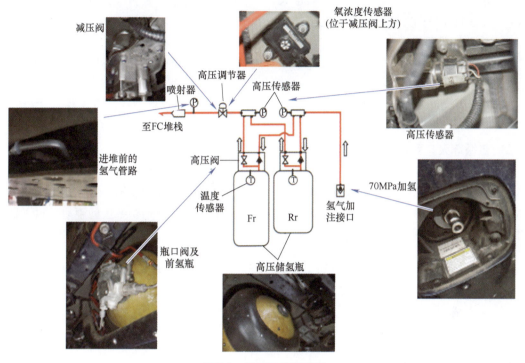

图 8-2　供氢系统原理图

　　氢气对于氢燃料电池系统的重要性犹如人的"血液"一般，而氢气是否能高效循环反应，是动力能否顺畅输出的关键，氢循环模块就像是一个"起搏器"，是氢燃料电池系统的关键技术之一。

8.1.2　氢气供应系统工作模式

　　由于氢循环泵在氢气循环回路的特殊使用场景，这就要求其具有良好的氢气密封、抗水汽腐蚀和冲击等性能。随着大功率氢燃料电池系统在中重型商用车上的推广应用，对氢气供应系统的技术水平和可靠性提出了更高的要求，因此氢循环泵在高功率环境下可靠性差、体积大、寿命短的缺点尤为凸显。现阶段氢循环泵研发成本高，且氢气密封、抗水汽腐蚀和冲击问题都难以彻底解决，尤其是大功率级别氢循环泵资源相当稀缺。在此背景下，国内将探索低成本、高可靠性、高效率的氢循环方案的目光聚焦到引射器上，且随着引射器产品的日渐成熟，引射器逐步替代氢循环泵逐步成为行业的共识。然而，现阶段的引射器功率范围窄，低功率负载下引射效果不佳。为了弥补这一缺陷，实验发现在氢循环泵和引射器共同使用的情况下，除能较大提升氢气供应系统的工作效率外，也大大提升了整体工作寿命和稳定性。下面就对氢气供应系统中几种氢气循环模式的优势和缺点进行分析。

1. 单氢循环泵回氢模式

　　单氢循环泵回氢模式在氢燃料电池系统的供氢回氢系统设计中属于传统设计方案，其特点是响应速度快，工作区间范围广，且可以根据氢燃料电池的工作状况进行主动调节。但是氢循环泵也面临着成本高、体积大、质量大、额外的能量消耗、振动以及噪声等问题，这些都制约着氢循环泵在氢燃料电池系统上的集成和应用。

2. 单引射器回氢模式

单引射器回氢模式是利用高压高速氢气对氢燃料电池出口的氢气进行抽吸，实现氢气的循环。相比于氢循环泵，引射器具有结构简单、运行可靠、噪声低、无额外功耗等特点。但是引射器在应用过程中存在工作区间窄，低功率工作区引射效果不佳，且工作稳定性差的问题。

3. 氢循环泵与引射器并联回氢模式

氢循环泵与引射器并联回氢，在低功率小流量阶段采用循环泵与引射器配合进行氢气主动循环，在大功率大流量阶段单独采用引射器进行氢气循环。这种氢循环方案避免了氢循环泵在电堆大功率区间运行时的能量消耗，也解决了引射器在电堆小功率区间引射效果不佳的问题。具体结构原理如图 8-3 所示。

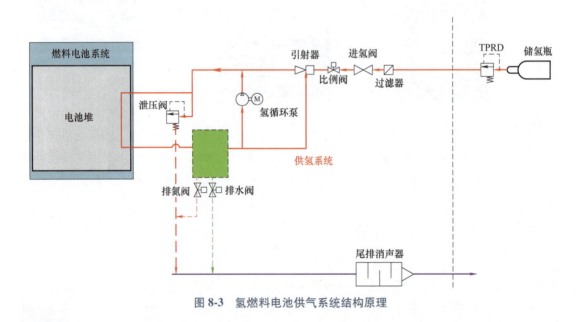

图 8-3　氢燃料电池供气系统结构原理

8.2　氢循环泵

8.2.1　氢循环泵基础

氢循环泵是氢燃料电池系统中的核心部件之一，常被形象地比喻为"咽喉"，发挥着提高氢燃料利用率、确保氢安全的重要作用。

氢循环泵将进入氢燃料电池系统内部电堆模块中未全部参与化学反应的氢气再循环至氢燃料电池堆内部，提升了氢气的利用率和安全性；将氢燃料电池产生的水与进入阳极侧的氢气结合起到进气湿润的作用，从而减少了加湿器这一结构件，精简了氢燃料电池系统的结构。

由于氢循环泵在氢气循环回路的特殊使用场景，要求其具有良好的密封性、较强的耐水性（阳极侧存在反透的水汽）、大流量、压力输出稳定、无油泄漏（防止电堆中毒降低活性）等，技术门槛相比传统气泵来说高出很多。

氢燃料电池供氢系统的调压、排水、排气、加湿作用，对于提高质子交换膜燃料电池的性能与寿命有着重要影响，而供氢系统核心部件是氢循环泵，通过氢循环泵将电堆尾排端氢气重新加压至电堆入口端，实现了氢气的循环再利用。氢循环泵一般分为低压氢循环泵和中高压氢循环泵。低压氢循环泵针对的是压力比较低的氢气循环，进气压力一般在 1MPa 以内，流量相对较小；中高压氢循环泵针对的则是进气口压力在 1MPa 以上的氢气循环，流量相对较大。

氢循环泵主要由玻璃烧结插接件、轴盖、电动机、泵盖、泵底、叶轮、密封圈组成，如图 8-4 所示。

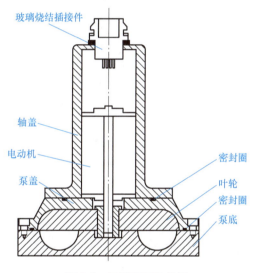

图 8-4　氢循环泵结构图

氢循环泵的原理是利用机械增压的方式将未反应的氢气增压后重新输送至阳极。氢循环泵的优点在于适应工况范围较广泛，工作稳定性好，且可提供较高的循环压力；但其在工作过程中会消耗额外的能量，增加能耗，产生噪声。

氢循环泵的作用如下：

1）将氢燃料电池堆出口未反应的氢气再循环至氢燃料电池堆入口，从而提高氢气的利用率以及用氢安全。

2）将氢燃料电池堆内部由于电化学反应生成的水循环至氢气入口，起到给进气加湿的作用，改善氢燃料电池堆内的水润水平，提高了水管理能力，进而提升氢燃料电池堆的输出特性。

3）由于氢循环泵对进气有加湿作用，使得氢气入口省去了额外的加湿系统，氢燃料电池系统更加精简。

8.2.2 故障诊断

（1）故障码

检查故障码，判断故障类别。

（2）诊断方式

1）通过专业软件和上位机：使用上位机点控氢燃料电池系统附件，确认附件是否能按要求执行工作。

2）远程数据分析：通过车载终端（T-BOX）将氢燃料电池系统运行数据上传到大数据云平台，并通过远程对故障进行初步分析。

8.2.3 检修方法

（1）停机故障解析

循环泵发生停机等故障

1）检查方向：检查循环泵的供电和线束是否正常。

2）检修方法：

① 先检查循环泵高压连接是否完整，以及接插件线束是否正常。

② 结合循环泵的转速、功率和氢入压力、循环入口压力等数据进行综合分析，初步定位故障原因。

③ 检查循环泵是否正常受控（上位机点动循环泵转速运转，点控时氢循环泵转速设定为 1000r/min）。

④ 若是循环泵本体故障，则更换循环泵。

（2）转速异常故障解析

在电堆有电流输出的情况下，循环泵转速明显偏离设定转速（如偏离 1000r/min）

1）检查方向：检查循环泵及循环泵降压 DC 是否正常工作。

2）检修方法：

① 先检查循环泵和循环泵降压 DC 高压连接是否完整，以及接插件线束是否正常。

② 查看循环泵故障码，结合循环泵的转速及功率和氢入压力、循环入口压力等数据，初步定位故障。

③ 检查循环泵是否正常受控（上位机点动循环泵转速运转，点控时氢循环泵转速设定为 1000r/min）。

④ 检查循环泵降压 DC 是否异常。

⑤ 若循环泵或循环泵降压 DC 损坏，更换故障部件。

8.2.4 维修更换

（1）氢循环泵更换

氢循环泵维修安装孔位图如图 8-5~图 8-7 所示，具体操作步骤如下：

1）关闭所有电气设备，断开相关的低压线束插头和氢循环泵高压线束插头。

2）松开氢循环泵进氢管与循环泵连接处喉箍，并拔掉氢循环泵进氢管。

3）松开氢循环泵出氢管与循环泵连接处喉箍，并拔掉氢循环泵出氢管。

4）松开氢循环泵汇流管与循环泵连接处喉箍，并拔掉氢循环泵汇流管。

5）拆掉六角法兰面螺栓，拆下氢循环泵。

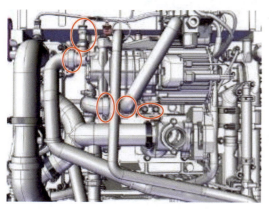

图 8-5　氢循环泵维修安装孔位图一

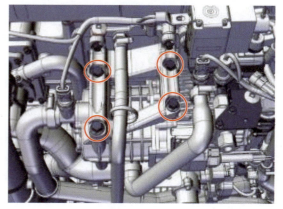

图 8-6　氢循环泵维修安装孔位图二

6）拆掉六角法兰面螺栓，拆下氢循环泵下安装支架。

7）拆掉内六角花型盘头螺钉和六角法兰面螺栓，拆下氢循环泵入口接头和氢循环泵出口接头。

8）按与拆卸相反的顺序装复，按标准力矩要求紧固，并用色漆笔做标记。

（2）氢循环泵维修更换注意事项

1）拆卸及检查过程中，注意保持所有密封端面的干净与清洁，同时进行密封封堵，防止异物进入管路和循环泵的气腔。

2）避免磕碰。

3）拆卸安装前务必确保高压电处于断开状态。

4）重新上电前务必保证插接器连接完好。

5）启动运行后，对氢气路拆卸的位置进行泄漏检测。

图 8-7　氢循环泵维修安装孔位图三

8.3 引射器

8.3.1 引射器基础

从工作原理分析，氢燃料电池系统使用的氢气引射器主要依靠其特殊结构设计来吸入电堆出口位置未反应完的氢气，将其与新供给的氢气汇合，形成较大的氢气流量，重新供给电堆进行反应（图 8-8）。

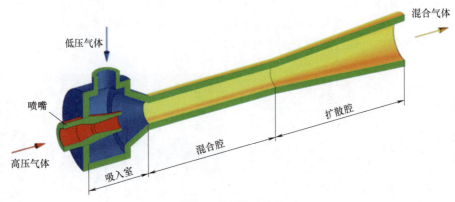

图 8-8 引射器结构图

引射器前端高压气体通过喷嘴后，由于绝热膨胀，高压运动流体中的压力能转化为动能，使得流速增快但是压力下降。这时，由于运动流体的压降，它将在混合腔中形成一个低压区域。由于低压区的存在，混合腔会吸入流体并将吸入的流体在混合腔内与运动流体混合。混合流体随后进入文丘里管形状的扩散腔，扩散腔中流体充分混合并将动能重新转换为压力能。最后产生的将是一个压力高于低压吸入流体但低于高压运动流体的混合流体。

引射器的吸入管线连接到容器或被吸系统，被吸的对象一般处于低压状态，对于氢燃料电池系统，吸入流体来源于氢燃料电池堆的阳极腔未反应完的氢气，高压驱动气体就是引射器前较高压力的气体。

引射器可以使用多种不同的流体来进行操作：水蒸气、空气、有机蒸气和其他气体。而且引射器的维护成本低，没有运动部件，不需要润滑，振动较小，因此与氢燃料电池氢循环泵相比，它易于维护。相比于氢循环泵，引射器无移动部件、结构简单、运行可靠，而且无寄生功率，是实现氢燃料电池氢气循环利用的理想装置。

8.3.2 引射器工作原理

引射器是一种机械结构的增压装置。引射器能够将电堆内的氢气吸出回流，并重新与供给的氢气汇合后供给电堆，来保证流量充足，达到较高的阳极计量比和防水淹效果，以实现回流和压力控制的功能。其组成及工作原理如图 8-9 所示。

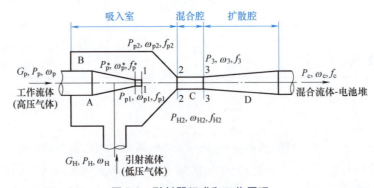

图 8-9 引射器组成和工作原理

图 8-9 中，A 为喷嘴；B 为等压混合室；C 为等容混合室；D 为扩散室；G 为流体质量流量（kg/s）；P 为流体的静压力（Pa）；ω 为流体的速度（m/s）；f 为流体截面面积（m^2）；下标 p、H、c 分别表示工作流体、引射流体、混合流体，1、2 和 3 分别表示喷嘴出口截面、等容混合室入口和出口截面；上标 * 代表临界位置。工作流体经过喷嘴降压增速后压力为 P_{p1}，速度为 ω_{p1}，引射流体从收入腔进入与工作流体完全混合后压力和速度分别为 P_3 和 ω_3，而后经过扩散腔达到混合流体出口的压力 P_c 和速度 ω_c。

在氢燃料电池汽车中，氢气存储在高压储氢瓶中，从储氢瓶中出来的氢气具有很高的压力，引射器可以将储氢瓶中出来的高压力低流速的氢气通过工作喷嘴进行减压增速，在喷嘴出口处达到超声速。当带有一定动能的喷射气体从喷嘴喷出时，与周围被喷射的气体进行动量交换，从而带动了气体向前运动，两种气体在混合室内混合，在有限的混合室内，当前面的气体被推向前进时，后面的气体变得稀少而使压力下降，即在吸入管出口附近和混合管入口段的一定范围内，造成一定负压，促使被喷射气体不断被吸入混合管内，又不断被喷射气体带走。图 8-10 所示为氢气引射器在电堆阳极氢气循环系统中的应用，高压纯氢从储氢瓶中出来后，经减压及流量控制进入氢气引射器工作流体入口；阳极出口剩余氢气和水蒸气的混合气体经水气分离后，氢气进入引射流体入口。工作流体和引射流体在氢气引射器内混合均匀后从出口端流出，流出的混合气体经加温加湿后进入 PEMFC 电堆阳极入口，PEMFC 阳极氢气循环完成。

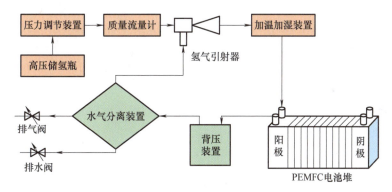

图 8-10　氢气引射器在 PEMFC 氢气循环系统中的应用

8.3.3　维修更换

（1）引射器拆卸

拆掉六角法兰面螺栓，拆下引射器腔体，如图 8-11 所示。

（2）引射器安装

1）将 O 形密封圈放入引射器腔体密封槽内。

2）将汇流入口密封圈放入引射器汇流接头密封槽内。

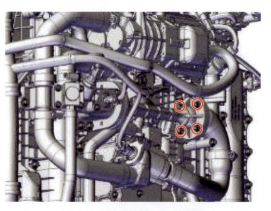

图 8-11　引射器拆装孔位图

3）装配引射器腔体，用六角法兰面螺栓紧固。

4）用扭力扳手将螺栓拧至规定力矩。

5）用色漆笔做标记。

8.4 阀体及其他

8.4.1 瓶口阀

瓶口阀是储氢系统的关键零部件，其集成了电磁阀、单向阀、过滤器、TPRD（温控泄放装置）、限流阀、手动截止阀、放空阀、温度传感器等零件，为加氢、供氢、排氢、高压压力传感器的安装等提供必要的接口，并具备输出储氢瓶温度信号、限流保护、通过 TPRD 为储氢瓶提供超温/超压保护等功能。

瓶口阀现需按照 GB/T 35544—2017《车用压缩氢气铝内胆碳纤维全缠绕气瓶》附录的要求完成强检试验，才可作为产品销往市场。目前国外产品应用较多，舜华、国富等企业研发的瓶阀也已完成相应的强检试验。

8.4.2 进氢阀和比例阀

在氢燃料电池系统进氢入口设置有进氢阀，主要用于控制进氢的通断，一般在氢燃料电池工作前开启，在氢燃料电池关机断电后关闭；在出现氢路过压或其他异常将损害到氢燃料电池系统内部电堆模块时，则立即予以关停。氢气通过进氢阀后，比例阀对进入电堆模块的氢气压力进行调节，根据不同功率需求工况，由 FCU 控制器控制比例阀开度的变化，实现进氢压力的调节，控制进入氢燃料电池系统内部电堆模块反应的氢气量。

1. 故障诊断

（1）故障码

故障码见表 8-1。

表 8-1　故障码

故障码	故障描述	触发条件	故障等级
100	氢路过压	电流拉载时，氢入或循环泵入口压力超过 265kPa；电流不拉载时，氢入或循环泵入口压力超过 220kPa	1 级
101	氢路欠压	氢入压力低于 60kPa	1 级
102	入堆氢压偏离	实际氢入压力偏离目标压力超过 20kPa	2 级
103	框体氢浓度过高	框体内氢腔发生泄漏，框体氢浓度≥30000×10^{-6}	2 级
104	系统前端供氢异常	比例阀的占空比开到最大	2 级

（2）诊断方法

1）通过专业软件和上位机：使用上位机点控氢燃料电池系统附件，确认附件是否能按要求执行工作。

2）远程数据分析：通过车载终端（T-BOX）将氢燃料电池系统运行数据上传到大数据云平台，并通过远程对故障进行初步分析。

2. 检修方法

（1）氢路过压

1）故障解析：电流拉载时，氢入或循环泵入口压力超过限定值（通常 265kPa）；电流不拉载时，氢入或循环泵入口压力超过限定值（通常 220kPa）。

2）检查方向：检查前端供氢压力及比例阀是否正常。

3）检修步骤：

① 检查整车氢压数据，确认整车供氢系统压力是否正常。

② 检查系统比例阀是否正常受控（通过上位机点动氢压，观察氢压是否上升到目标值附近，点动时氢压通常设定为 130kPa）。

③ 检查比例阀是否发生异物卡滞，如果发生卡滞，则清除异物或者更换比例阀。

（2）氢路欠压

1）故障解析：氢入压力低于限定值（通常 60kPa）。

2）检查方向：检查前端供氢压力及比例阀、进氢阀是否正常。

3）检修步骤：

① 首先通过氢浓度检测仪检测储氢瓶压力、中压传感器压力数据，检查系统氢入口到瓶阀之间的管接口是否发生氢泄漏。

② 检查整车储氢系统手动关断阀门是否开启。

③ 检查整车供氢系统是否正常开阀供氢。

④ 检查系统进氢阀是否正常受控（通过上位机点动进氢阀，判断是否正常开闭）。

⑤ 检查系统比例阀是否正常受控（通过上位机点动氢压，观察氢压是否上升到目标值附近，点动时氢压通常设定为 130kPa）。

（3）入堆氢压偏离

1）故障解析：实际氢入压力偏离目标压力超过 20kPa。

2）检查方向：检查前端供氢压力及比例阀、进氢阀是否正常。

3）检修步骤：

① 检查整车氢压数据，确认整车供氢系统压力是否正常。

② 检查系统比例阀是否正常受控（通过上位机点动氢压，观察氢压是否上升到目标值附近，点动时氢压通常设定为 130kPa）。

③ 检查比例阀是否发生异物卡滞，如果发生卡滞，则清除异物或者更换比例阀。

（4）框体氢浓度过高

1）故障解析：框体内氢腔发生泄漏，框体氢浓度 $\geqslant 30000 \times 10^{-6}$。

2）检查方向：维修建议是检查框体内氢腔是否发生泄漏。

3）检修步骤：

① 切断供氢，断升高压电，用氢浓度检测仪检查是否有氢泄漏到氢腔外。

② 根据发生故障的现场场景，确定是否是因为尾排中的氢气通过中冷通风管路反吹回电堆。

③ 对氢腔做保压试验，确定氢路侧的泄漏程度。

（5）系统前端供氢异常

1）故障解析：比例阀的占空比开到最大。

2）检查方向：检查前端供氢压力及比例阀、进氢阀是否正常。

3）检修步骤：

① 检查整车氢压数据，确认整车供氢系统压力是否正常。

② 检查整车手动阀是否开启。

③ 检查整车供氢系统是否正常开阀供氢。

④ 检查系统进氢阀是否正常受控（通过上位机点动进氢阀，判断是否正常开闭）。

⑤ 检查系统比例阀是否正常受控（通过上位机点动氢压，观察氢压是否上升到目标值附近，点动时氢压通常设定为 130kPa）。

3. 维修更换

（1）进氢阀更换

进氢阀更换安装孔位图如图 8-12 所示，具体操作步骤如下：

1）关闭所有电气设备，断开所有的低压线束插头。

2）拆掉六角法兰面螺栓，并拆下电磁阀抱箍。

3）拆掉进氢阀上自带螺母，拆下进氢阀上的线圈。

4）拆掉进氢阀上自带的螺栓，并拆下进氢阀底座。

5）按与拆卸相反的顺序装复，按标准力矩要求紧固，并用色漆笔做标记。

进氢阀维修更换时注意以下事项：①避免磕碰；②保证清洁度；③安装后需要检查气密性。

（2）比例阀更换

比例阀更换安装孔位图如图 8-13 所示，具体操作步骤如下：

1）关闭所有电气设备，断开低压线束插头。

2）松开比例阀自带螺栓，拆下低压线束接地端。

3）松开比例阀上自带螺栓并拆下比例阀。

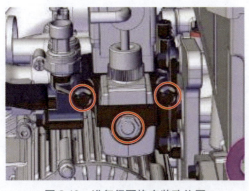

图 8-12 进氢阀更换安装孔位图

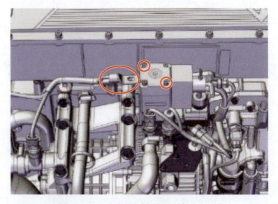

图 8-13 比例阀更换安装孔位图

4）按与拆卸相反的顺序装复，按标准力矩要求紧固，并用色漆笔做标记。

8.4.3　分水器及排水阀

出堆后，未完全反应的氢气携带着水蒸气一同进入到分水器中，进行水气分离。分离后的液态水集聚到分水器下的集水罐中。分水器上集成有排水阀和液位传感器，FCU 控制定期打开排水阀，将分水器内的液态水排出，同时安装有液位传感器进行监控，确认液态水是否正常排出。

1. 故障诊断

（1）故障码

用专用设备读取故障码，根据提示确认故障类型、故障器件。

（2）诊断方法

1）通过专业软件和上位机：使用上位机点控氢燃料电池系统附件，确认附件是否能按要求执行工作。

2）远程数据分析：通过车载终端（T-BOX）将氢燃料电池系统运行数据上传到大数据云平台，并通过远程对故障进行初步分析。

2. 检修方法

（1）阳极分水器积水过多

1）故障解析：液位传感器液位持续有效超过 17s。

2）检查方向：检查排水阀和液位传感器线束是否正常。

3）检修步骤：

① 检查液位传感器的接线是否正常。

② 检查排水阀的接线是否正常。

③ 使氢入压力为 130kPa，循环泵转速为 1000r/min，点动排水阀（频率为开 1s、关 1s），通过观察氢压的波动检查排水阀开启是否正常。

④ 若在低温启动下，检查排水阀是否结冰冻住，若冻住，则加热排水阀进行解冻，再按上述③操作点动排水阀，观察排水阀能否正常工作。

⑤ 若排水阀损坏，更换排水阀。

⑥ 若无以上问题，则为排水阀标定问题。

注意事项：点动排水阀有尾排超标风险，点动操作持续时间不能超过 5s，同时保证尾排管处无明火或热源。

（2）排氮阀故障

1）故障解析：排氮阀无法正常工作，阳极氢浓度低。

2）检查方向：检查排氮阀是否可以正常工作。

3）检修步骤：

① 检查排氮阀的接线是否正常。

② 使氢入压力为 130kPa，循环泵转速为 1000r/min，然后点动排氮阀（频率为开 1s、关 1s），通过观察氢压的波动检查排氮阀开启是否正常。

③ 若在低温启动下，检查排氮阀是否结冰、上冻。

④ 若排氮阀损坏，更换排氮阀。

（3）排水阀故障

1）故障解析：排水阀无法正常工作，分水器中液态水积累。

2）检查方向：检查排水阀是否可以正常工作。

3）检修步骤：

① 检查排水阀的接线是否正常。

② 使氢入压力为 130kPa，循环泵转速为 1000r/min，然后点动排水阀（频率为开 1s、关 1s）。通过观察氢压的波动检查排水阀开启是否正常。

③ 若在低温启动下，检查是否有结冰堵住排水阀阀口，若有，加热排水阀进行解冻，然后再按上述操作点动排水阀，检查是否结冰结冻。

④ 若排水阀损坏，更换排水阀。

（4）排水阀过温

1）故障解析：排水阀温度超过 90℃。

2）检查方向：检查排水阀加热继电器是否正常。

3）检修步骤：检查排水阀加热继电器是否常闭，导致排水阀一直处于加热中。排查时，注意排水阀体温度，防止烫伤。

3. 维修更换

（1）排氮阀更换

图 8-14 所示为排氮阀安装孔位图，操作步骤如下：

1）关闭所有电气设备，断开低压线束插头。

2）松开电磁阀上自带螺栓并拆下电磁阀。

排氮阀维修更换注意事项：① 避免磕碰；② 保证清洁度；③ 安装后需要检查气密性。

（2）排水阀（加热电磁阀）更换

图 8-15、图 8-16 所示为排水阀安装孔位图，操作步骤如下：

图 8-14　排氮阀安装孔位图

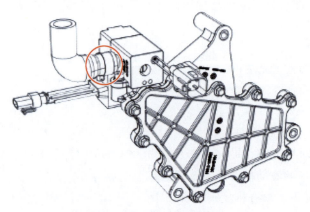

图 8-15　排水阀安装孔位图一

1）关闭所有电气设备，断开低压线束插接件。

2）松开分水器排水管连接到排水电磁阀的 1 个喉箍。

3）松开电磁阀上的 2 颗 M5×12 内六角螺钉，并拆下电磁阀。

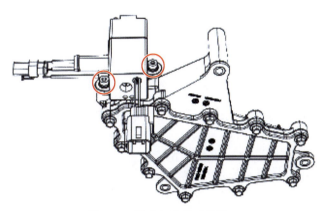

图 8-16　排水阀安装孔位图二

8.5　维修实训

8.5.1　实训案例一：氢循环泵故障处理

1）实训目标：根据故障码及远程数据分析故障原因，并结合上位机软件实操完成问题诊断，实操氢循环泵更换。

2）故障现象：氢燃料电池系统故障灯点亮，氢燃料电池不工作。

3）数据分析：

① 调取数据查看，对应车辆氢燃料电池系统 FCU 先后记录故障码 114、111。

② 解析故障码：114 表示"阳极循环故障，在电堆有电流输出的情况下，循环泵转速偏离设定转速 1000r/min"；111 表示"循环泵停机/降级故障，循环泵发生 1 级/2 级故障"。

③ 从记录的故障码分析氢循环泵工作异常，进一步调取氢循环泵的工作设定转速、实际反馈转速、工作电压和电流进行确认。

④ 从氢循环泵工作数据看，先报 114 故障码，实际转速偏离设定转速 1500r/min，而氢循环泵工作电流增大，再查看氢循环泵的高压输入正常，之后报 111 故障码，氢循环泵无转速回馈，可以确认为氢循环泵工作异常。

4）现场诊断及维修实操：

① 检查氢循环泵外观无异常，再检查氢循环泵的高低压接插件，确认接插件及对应线束无异常。

② 让故障车辆整车上高压，通过上位机点控氢循环泵，设定转速为 1000r/min，查看实际转速的反馈和进氢压力的变化。

③ 实际操作点控氢循环泵转速为 1000r/min 后，氢循环泵无实际转速反馈，而且氢路压

力也无变化，判断氢循环泵本体卡滞。

④ 更换新的氢循环泵，再次通过上位机点控氢循环泵，发现实际反馈的转速和设定转速一致，而进氢压力也随同变化，判断问题已经排除。重新启动，氢燃料电池系统工作正常，问题排除。

8.5.2 实训案例二：比例阀工作异常

1）实训目标：根据故障码及远程数据分析故障原因，并结合上位机软件实操完成问题诊断，实操比例阀更换。

2）故障现象：氢燃料电池系统故障灯点亮，氢燃料电池不工作。

3）数据分析：

① 经查看数据，发现 FCU 记录故障码 104。

② 解析故障码，104 表示"系统前端供氢异常，比例阀的占空比开到最大"。

③ 进一步调取氢入压力和比例阀开度数据分析，发现比例阀逐步增加直至 100%，但是氢入压力却没有变化，从此数据可以分析，进氢存在异常。可能原因包括：比例阀未正常开启导致；进氢阀不受控，未正常开启；前端氢气供应异常。

4）现场诊断及维修实操：

① 现场察看比例阀前端储氢系统手动阀处于开启状态，再查看中压是否在正常范围内，上电后能明显听到供氢系统电磁阀开启的声音。

② 再检查比例阀的线束连接，也未发现任何异常。

③ 整车上低压电，通过上位机点控进氢阀，确认有电磁阀正常开启的声音。

④ 通过上位机，设定进氢压力为 130kPa，此时发现氢入压力无变化，可以锁定比例阀未正常开启。

⑤ 拆下比例阀未发现底座有异物，更换全新比例阀，再次通过上位机设定进氢压力为 130kPa，此时氢入压力显示 130kPa。

⑥ 重新启动，氢燃料电池系统工作正常，车辆问题排除。

第 9 章　水热管理系统故障检测与维修

氢燃料电池系统的水热管理系统对氢燃料电池的性能、寿命和安全起着重要作用，所以一个有效的水热管理系统可以维持燃料电池在 70~80℃ 之间安全、稳定、高效地运行。氢燃料电池系统的热管理，主要是通过冷却液在氢燃料电池系统及电堆内部流动，传递热量，对氢气与空气的反应温度进行控制，保持电堆内的热平衡。

氢燃料电池的水热管理系统主要包括水泵、电子节温器、去离子器（DIF）、冷却液加热器（PTC）、整车散热器等，如图 9-1 所示。

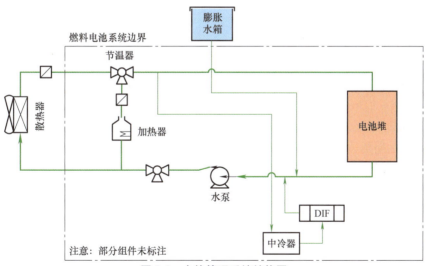

图 9-1　水热管理系统结构图

9.1　水泵

9.1.1　水泵基础

为了保证氢燃料电池系统内部电堆模块的工作性能，提高电堆模块内部单体电池工作温

117

度一致性，从而使电堆内不同位置的温度分布均匀，一般要保证电堆冷却水入口和出口温差维持在10℃以内。

水泵是氢燃料电池冷却系统的最核心部件，其功能是在氢燃料电池不同功率的运行工况下，通过改变自身功率和转速，建立冷却系统内冷却液的流量和压力，以满足电堆模块散热要求。

9.1.2 诊断方式

（1）故障码

故障码是供专用设备读取、提示故障类型、器件的代码，通过读取故障码进行故障诊断。

（2）诊断方法

1）通过专业软件和上位机：使用上位机点控氢燃料电池系统附件，确认附件是否能按要求执行工作。

2）远程数据分析：通过车载终端（T-BOX）将氢燃料电池系统运行数据上传到大数据云平台，并通过远程对故障进行初步分析。

9.1.3 检修方法

（1）水泵故障

1）检查方向：检查水泵是否正常转动，检查冷却路是否发生了漏水或气液串漏。

2）检修步骤：

① 检查冷却水路是否漏水。

② 检查水泵的低压连接是否完整，以及接插件线束是否正常。

③ 查看水泵故障码，结合水泵转速、水泵电流以及电堆出口冷却液温度等数据，初步定位故障。

④ 检查水泵是否正常受控（上位机点动水泵转速运转，通常水泵转速设定为2000r/min）。

⑤ 若是水泵损坏，则更换水泵。

（2）水泵实际转速偏离目标转速超过500r/min

1）检查方向：检查水泵是否正常转动。

2）检修步骤：

① 首先检查供氢系统的密封性和水箱出口氢浓度，防止电堆发生了严重的氢窜水现象。

② 查看水泵故障码，结合水泵转速、水泵电流以及电堆出口冷却液温度等数据，初步定位故障。

③ 检查水泵是否正常受控（上位机点动水泵转速运转，通常水泵转速设定为2000r/min）。

④ 水泵转速2000r/min，排查水箱液位是否正常。

⑤ 检查分配头是否发生了气液窜漏。

9.1.4 维修更换

首先关闭所有电气设备，断开低压线束接插头；然后，将冷却液全部放出，进行回收。

具体操作步骤如下：

1）松开中冷器进气管与中冷器处的喉箍，并拔下中冷器进气管。

2）松开中冷器出气管与中冷器处的喉箍，并拔下中冷器出气管。

3）松开中冷器进水管与中冷器处弹簧环箍，并拔下中冷器进水管，并回收防冻液。

4）松开中冷器出水管与中冷器处弹簧环箍，并拔下中冷器出水管，并回收防冻液。

5）松开通风进气管与中冷器处弹簧环箍，并拔下通风进气管，如图 9-2 所示。

6）拆掉六角法兰面螺栓，并拆下中冷器，如图 9-2 所示。

7）拆掉垫圈，拆掉六角法兰面螺栓，并拆下中冷器支架，如图 9-3 所示。

8）松开去离子器出水管与去离子器处的喉箍，并拆下去离子器出水管。

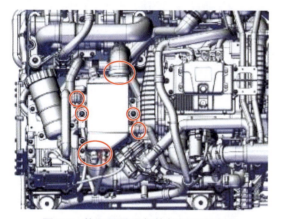

图 9-2　拔下通风进气管并拆下中冷器

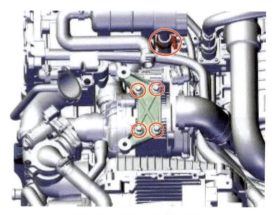

图 9-3　拆下中冷器支架

9）拆掉六角法兰面螺栓，拆下去离子器支架，如图 9-4 所示。

10）拆掉低压线束接地端 1 颗六角法兰面螺栓。

11）松开水泵入水管与水泵处的喉箍，并拔开水泵入水管，收集残余的防冻液。

12）松开水泵出水管与水泵处的喉箍，收集残余的防冻液。

13）拆掉六角法兰面螺栓，拆下水泵支架。

14）拆掉六角法兰面螺栓，拆下水泵（图 9-5）。

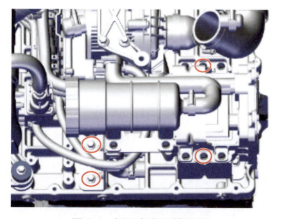

图 9-4　拆下去离子器支架

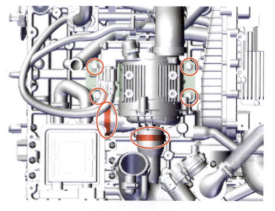

图 9-5　拆下水泵

9.2 散热器

散热器将流经散热器的冷却液热量传递给环境，降低冷却液温度。由于氢燃料电池系统的最佳工作温度为 70~80℃，且基于氢燃料电池的特性，95%以上的热量需要通过冷却液循环至散热器，通过风扇工作带动大量的空气流经散热芯体外表面，并带走散热器中冷却液的热量，实现冷却液再循环至氢燃料电池系统内部带走热量完成冷却的效果。

为满足氢燃料电池系统的散热要求，从散热器的散热面积、风速、进出口水温差等环节进行深入研究和分析，同时根据不同项目车型，散热器的布置位置也适当变化。例如公交车，氢燃料电池系统布置在后舱，散热器和风扇会布置在车顶，并且由两组散热器串联散热；物流车和重型货车，则会考虑将散热器布置在左右两侧，串联散热，实现散热能力的最大化。同时，基于氢燃料电池系统对绝缘要求非常高，散热器应保持高清洁度、离子释放率低，散热器的风扇要求风量大、噪声低、无级调速并需要反馈相应的运行状态。

9.3 节温器

9.3.1 节温器基础

节温器是根据冷却液的温度来调节散热器中冷却液的流量，从而控制散热量，满足氢燃料电池系统工作在最佳温度的需求。

1. 机械式节温器

传统的机械式节温器也称为"石蜡式节温器"，是控制冷却液流动路径的阀门。冷却介质的热量通过节温器感温体内的石蜡导热到内部，石蜡吸热熔化体积膨胀，将推杆向外移动将阀门打开产生升程，冷却液循环进入到散热器中，由散热器对冷却液进一步冷却，进行大循环；当温度下降后蜡包放热冷却，石蜡体积变小，推杆在弹簧作用下回缩阀门关闭，节温器在弹簧的作用下关闭与散热器之间的通道，进行氢燃料电池内部的小循环。

通常在氢燃料电池系统刚开始工作的时候，冷却液温度较低，此时节温器处于关闭状态，冷却液仅在燃料电池内部进行循环，是为了让氢燃料电池迅速升温，尽快达到最佳工作温度，提升燃料工作效率；在达到一定工作温度的时候，节温器会逐步开启（例如，节温器50℃开启，在冷却液温度达到50℃的时候逐步开启）直至最大开度后，保证进入散热器的冷却液流量。

2. 电子节温器（ETV）

电子节温器（ETV）完全摒弃了传统节温器使用石蜡特性控制冷却水路循环的机理，通过 FCU 控制执行电机达到全区域控制冷却循环的关闭与开启。电子节温器在结构上能实现冷却液的大小循环流量的分流，并且根据氢燃料电池系统工作时的不同工况所需要的冷却液温度来调节大小循环的流量；在控制上能够改善传统节温器存在的"响应延迟""滞回"等缺点，实现大小循环冷却液流量的精准控制。

电子节温器的基本结构如图 9-6 所示。以下将对电子节温器的诊断分析及维修更换进行详细的介绍。

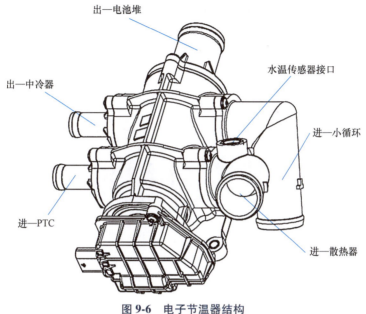

图 9-6　电子节温器结构

9.3.2　故障诊断方式

（1）故障码

故障码是供专用设备读取、提示故障类型、器件的代码；电子节温器的故障码通常包括：出堆水温过温、ETV 电机故障、ETV 传感器故障。

（2）诊断方式

1）通过专业软件和上位机：使用上位机点控氢燃料电池系统附件，确认附件是否能按要求执行工作。

2）远程数据分析：通过车载终端（T-BOX）将氢燃料电池系统运行数据上传到大数据云平台，并通过远程对故障进行初步分析。

9.3.3　检修方法

（1）出堆水温过温

1）故障解析：出堆水温超过设定值。

2）检查方向：检查氢燃料电池散热风扇是否正常，水泵是否正常工作，冷却管路是否完全排气。

3）检修步骤：

① 首先检查供氢系统的密封性和水箱出口氢浓度，防止电堆发生了严重的氢窜水现象。

② 检查氢燃料电池散热风扇是否正常受控（上位机点动散热风扇）。

③ 检查分配头是否发生了气液窜漏。

④ 检查水泵是否受控（上位机点动水泵设定转速，水泵转速设定为 2000r/min）。

⑤ 水泵转速 2000r/min，检查冷却水路是否漏水及水箱里是否有气体未排出。

（2）ETV 电机故障

1）故障解析：ETV 设定开度和反馈开度偏差超过 4%。

2）检查方向：检查 ETV 及其线束。

3）检修步骤：

① 检查 ETV 是否能够点动受控。

② 检查 ETV 线束是否正常连接。

（3）ETV 传感器故障

1）故障解析：无法收到 ETV 的角度 SENT 信号。

2）检查方向：检查 ETV 及其线束。

3）检修步骤：

① 检查 ETV 是否能够点动受控。

② 检查 ETV 线束是否正常连接。

9.3.4　维修更换

电子节温器的更换步骤如下：

1）整车断电，断开电子节温器线束接插件，并将冷却路的防冻液排空。

2）松开电子节温器出水管喉箍，将电子节温器出水管与电子节温器本体分离，如图 9-7 所示。

3）拆掉固定电子节温器的六角法兰螺栓，拆下电子节温器，如图 9-8 所示。

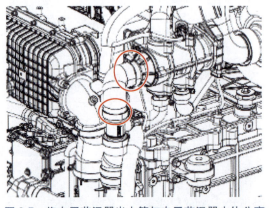 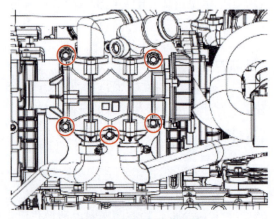

图 9-7　将电子节温器出水管与电子节温器本体分离　　　图 9-8　拆下电子节温器

4）松开电子节温器入水管与电子节温器连接的喉箍固，并拔掉管路。

5）松开分水器进水管与电子节温器连接的喉箍，并拔掉管路。

6）松开电子节温器与 PTC 加热器至电子节温器入水管上的喉箍，并拔掉管路，如图 9-9 所示。

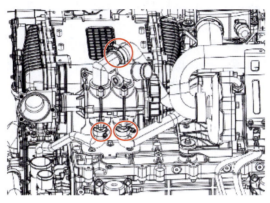

图 9-9　拔掉管路

9.4　其他

9.4.1　冷却液

氢燃料电池冷却液是氢燃料电池系统的水热管理介质，负责带出电堆内部电化学反应产生的余热，对保证氢燃料电池系统的稳定运行、延长氢燃料电池的使用寿命起着非常重要的作用。与传统的汽车冷却液不同，氢燃料电池冷却液对电导率有严格的要求，过高的冷却液电导率，会使冷却液回路构成一个电流传导回路，导致氢燃料电池高压电与系统外壳支架的绝缘性丧失，因此冷却液电导率指标要接近去离子水。同时基于氢燃料电池的结构特性，在电导率极低的产品性能指标下，冷却液仍需要实现抗氧化、抗泡沫、金属表面保护、材料兼容性等技术指标，是氢燃料电池领域的关键液体零部件。

氢燃料电池使用的冷却液是专用的冷却液，因要实现防冻效果，冷却液中含有乙二醇，具有毒性。维修人员在维修过程中需要满足以下化学物安全操作规范：

1）所有处理乙二醇或处理氢燃料电池冷却液回路的维修人员必须戴安全眼镜和化学防护手套（不要使用棉质工作手套或可能脱落纤维的其他手套）。

2）冷却液为微毒危险品，需要用专用容器回收储存并交由有资质的专业公司处理，而且建议使用生产商专用或指定品牌的冷却液。

3）冷却液不能重复使用，因此加注时，确保加注的是新的冷却液。

4）为防止冷却液性能下降，不要添加或加注任何其他物质，如自来水或蓄电池电解液补充液。

5）不要使用任何曾用于加注油等物质的容器。

6）为防止异物污染冷却液通道，请使用自来水冲洗准备的容器，然后在使用前擦净容器内残留的水。

7）如果未正确向冷却液通道加注，则需要联系专业技术人员指导处理。

9.4.2　去离子器

1. 去离子器的作用

氢燃料电池系统的水热管理系统中，使用的散热器芯体、中冷器等均是金属部件，金属部件在与冷却液接触中会不断析出离子，使冷却液的离子浓度增大，电导率值增大，氢燃料电池系统绝缘性降低。因此，需要通过去离子器吸收水热管理系统中金属部件释放的离子，从而降低冷却液的电导率，使氢燃料电池系统处于较高的绝缘水平。

去离子器在使用一段时间之后，吸附能力会饱和，因此检测防冻液的电导率和更换去离子器作为定期保养检测和更换项目。当电导率超过正常指标时，要更换新的去离子器。

2. 维修更换

（1）去离子器拆卸

拧开去离子器端盖，拆下去离子器芯体，如图9-10所示。

拆卸去离子器时要注意避免磕碰并保证清洁度。

（2）去离子器安装

1）将去离子器芯体放入去离子器中，用皮带扳手将去离子器端盖拧至刻度线处，如图9-11所示。

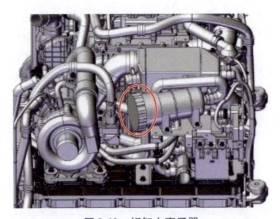

图9-10　拆卸去离子器

图9-11　去离子器端盖刻度线

2）将皮带扳手的力矩调节至15N·m，将端盖拧到规定力矩（15±1.5）N·m。

3）用蓝色油漆笔做标记。

9.4.3　PTC加热器

1. PTC加热器基础

氢燃料电池系统在温度低于冰点时，氢燃料电池工作产生的水会发生冻结。在氢燃料电池系统内部电堆模块温度上升到0℃之前，电堆模块内部的水发生冻结，电化学反应将会因反应区域的冰封而停止，同时由于冰的形成会产生体积膨胀，可能会对电堆模块内部膜电极组件的结构造成严重的破坏。

为了让氢燃料电池满足低温启动要求，现阶段大多采用"停机吹扫+启动升温"，即在停机吹扫的基础上，氢燃料电池在低温启动时，通过辅助加热，让氢燃料电池冷却路温度升高，进而提升氢燃料电池内部电化学反应的效率。冬季氢燃料电池吹扫大致需要 5~10min，启动时加热需要 10~15min。

"停机吹扫"是在氢燃料电池系统停机过程中，通过让空压机持续工作，将空路侧电化学反应产生的水随着空气一同被排到氢燃料电池外部，进而减少停机后环境低温造成空气路的反应水结冰损害电堆模块。在 0℃ 以下环境中启动时，需要通过辅助 PTC 加热器（在氢燃料电池低温冷启动时给冷却液辅助加热的部件）使冷却液尽快达到需求的温度，缩短氢燃料电池系统冷启动时间。这就好比天气较冷的时候，运动员正式比赛前，先要做好充分的"热身运动"。PTC 加热器由加热芯体、控制板及壳体组成，其要求是响应快、功率稳定。

2. 诊断及分析

PTC 高压反接故障现象包括：PTC 出口温度超过 100℃ 或者 PTC 短路故障。

1）检查方向：检查 PTC 线路。

2）检修步骤：断高压，检查 PTC 的高低压线路。

3. 维修更换

图 9-12~图 9-14 是 PTC 加热器维修安装孔位图，具体操作步骤如下：

1）关闭所有电气设备，断开低压线束插头和 HV DCF TO PTC 插头。

2）使用水管夹，夹住 PTC 进出水管。

3）拆掉六角法兰面螺栓，拆下去离子器支架。

4）松开 PTC 进水管与 PTC 处的喉箍，并拔下 PTC 进水管，回收防冻液。

5）松开 PTC 出水管与 PTC 处的喉箍，并拔下 PTC 出水管，回收防冻液。

6）拆掉六角法兰面螺栓，并拆下 PTC 加热器。进行 PTC 加热器的拆装时要注意避免磕碰并保证清洁度。

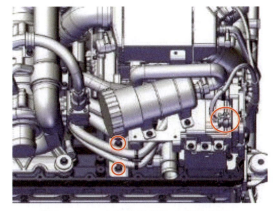

图 9-12　PTC 加热器维修安装孔位图一

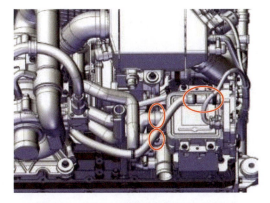

图 9-13　PTC 加热器维修安装孔位图二

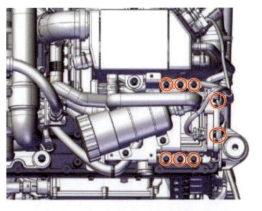

图 9-14　PTC 加热器维修安装孔位图三

9.5　维修实训

9.5.1　实训案例一：水泵故障处理

1）实训目标：掌握根据故障码及远程数据分析故障原因，并结合上位机软件实操完成问题诊断，实操水泵更换。

2）故障现象：氢燃料电池系统故障灯点亮，氢燃料电池不工作。

3）数据分析：

① 通过远程车联网云平台查看车辆故障码，FCU 记录故障码。

② 解析故障码：冷却液循环异常故障，水泵实际转速偏离目标转速超过 500r/min；水泵停机故障，水泵 1 级故障。

③ 调取故障时间点的水泵转速、水泵功率及对应的氢燃料电池功率数据进行分析，发现 FCU 先报 305 故障码，实际反馈转速和设定转速相差 1000r/min。此时发现水泵转速对应的功率也有异常，水泵功率大于对应转速正常的输出功率，判断有卡滞、水阻或者供电异常。

4）现场诊断及维修实操：

① 现场检查防冻液不缺，所有水路连接位置、分配头位置都没有漏防冻液的痕迹。

② 整车上电，连接设备，使用上位机点控水泵工作，水泵无任何功率信号反馈，判断水泵没有正常工作。

③ 检查水泵前端供电，低压有正常的 24V 输入，高压端从数据反馈看也属于正常，线束接插件也无异常，判断水泵本体故障。

④ 按标准操作要求，进行更换水泵、加注防冻液，并拉载排空，水泵实际转速和设定转速基本一致，水泵功率和转速相对应，判断问题排除。

⑤ 启动系统，通过上位机数据发现氢燃料电池工作正常，问题排除。

9.5.2　实训案例二：电子节温器（ETV）故障处理

1）实训目标：掌握根据故障码及远程数据分析故障原因，并结合上位机软件实操完成问题诊断，实操电子节温器（ETV）更换。

2）故障现象：氢燃料电池系统故障灯点亮，燃料电池不工作。

3）数据分析：

① 通过远程车联网云平台数据分析，FCU 记录故障码 309。

② 解析两个故障码：ETV 电机故障；ETV 设定开度和反馈开度偏差超过 4%。

③ 进一步调取数据电子节温器、氢燃料电池水温数据分析，故障发生在氢燃料电池整体水温上升之后，电子节温器设定转速调整变大，但实际转速无变化，在设定转速和实际转速超过 4% 时，氢燃料电池系统故障报警停机，初步分析可能为电子节温器内部电子异常卡滞，或者外部供电异常导致。

4）现场诊断及维修实操：

① 现场察看电子节温器外观无磕碰损伤，线束接插件也接插良好。

② 用手触摸节温器进水管（连通散热器）和出水管，发现连通散热器的进水管与其他管路有明显的水温差别，判断电子节温器未正常开启。

③ 拔下电子节温器连接的低压线束，未发现线束和针脚有异常，测量低压供电 24V 正常，怀疑电子节温器本体故障。

④ 连接设备，通过上位机点控电子节温器开启至 90°，同时点控水泵转速至 2000r/min，发现水管温度未变化，可以肯定电子节温器本体故障。

⑤ 更换新的电子节温器，加冷却液并排空处理。系统启动后，氢燃料电池工作正常，问题排除。

第 10 章　氢燃料电池汽车控制系统故障检测与维修

10.1　电-电混合控制系统基础

　　"氢燃料电池+动力电池"的电-电混合动力系统能够在一定程度上弥补氢燃料电池系统响应特性较为滞后的缺点，并且能够在特定工况下回收部分能量，从而提高系统的工作效率。针对电-电混合动力系统提出合理的能量管理策略能够充分利用动力电池的能量，弥补氢燃料电池在极端工况下的能量输出，回收氢燃料电池富余的电能，使得氢燃料电池能够具有相对稳定的运行环境和平稳的能量输出，从而在提高系统工作效率的同时保证氢燃料电池系统的使用寿命[1-2]。

　　图 10-1 所示为"氢燃料电池+动力电池"混合动力系统的结构，主要包括整车控制器[3-4]、氢燃料电池、动力电池、DC/DC、DC/AC 和驱动电机等部分，各部分之间通过机械或电气结构进行连接。

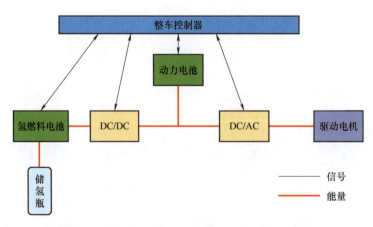

图 10-1　"氢燃料电池+动力电池"混合动力系统架构

　　在车辆运行过程中，整车控制器具有能量管理和整车控制两方面作用。对于电-电混合的新能源汽车来讲，其整车控制系统主要可以分为车辆控制单元（Vehicle Control Unit，VCU）、能量控制单元（Energy Control Unit，ECU）和其他底层控制器。VCU 相当于车辆的大脑，它对整车的各个系统进行监控，协调不同系统之间的通信，同时，能够根据驾驶员的需求和车辆的状态进行决策与控制；ECU 则是负责整车的能量分配，可根据不同能量装置的状态来决定能量的分配情况，以保证正常的功率输出，同时提高系统的工作效率。其他底层控制器则负责协调控制各子系统的运行状态，保证子系统能够及时、准确、高效地响应上层系统的需求。

10.1.1　车辆控制单元（VCU）

VCU 是汽车的核心部件，车辆的正常运行需要 VCU 的协调与控制，汽车的性能（如驾驶平顺性、经济性和动力性等）都与 VCU 息息相关。VCU 也是汽车中所有控制单元的核心部件，用于协调车辆中不同控制器以及不同系统之间的有序协作。VCU 在整车中的功能如图 10-2 所示。

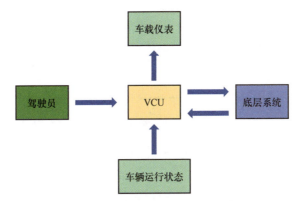

图 10-2　VCU 在整车中的功能示意图

VCU 通过接收驾驶员的指令，根据车辆运行状态底层控制器和系统的状态信号进行实时控制、监控和决策，包括制定合理的功率输出、制动能量回收策略，以及网络管理、故障诊断及处理等[5-8]，并且将必要的信息反馈给车载的仪表系统。底层系统包括 VCU 直接控制的子系统以及 VCU 所协调的下层控制器。VCU 实现的具体功能如下：

1）VCU 通过获得在驾驶员操控下的制动踏板信号、加速踏板信号和档位信号等来判断驾驶员的意图。

2）VCU 获得的车辆运行状态包括汽车的车速和动力电池电量等。

3）VCU 获得的底层系统信号包括电池的荷电状态（State of Charge，SOC）、各控制器上传的信号值以及传感器采集的数值等。

4）VCU 内部根据获得的信息进行整体协调控制与管理，监控整车状态。

10.1.2　能量控制单元（ECU）

ECU 在电-电混合动力系统中主要负责能量的管理与分配以提供良好的加速能力和回收制动能量。ECU 充分利用电-电混合动力系统的能量缓冲能力，在车辆急加速或爬坡等极端工况时利用动力电池来辅助氢燃料电池进行能量输出；在动力电池电量较低时以及制动过程中可以利用氢燃料电池富余的能量为动力电池进行充电。ECU 通过接收 VCU 传达的功率需求，实时有效地将需求功率分配到氢燃料电池和动力电池系统中。

现如今，混合动力汽车的能量管理策略主要分为基于规则和优化两种[9-10]。基于规则的能量管理策略由专家经验或者先验知识决定，其结构简单，实用性较好；而基于优化的能量管理策略能够实现更加良好的优化目标。能量管理策略制定的基本要求如下：

1）在动力电池具有较高 SOC 状态时尽量由动力电池作为车辆能量来源，但是需要保证动力电池的负载不至于过高。

2）在动力电池的 SOC 处于较低状态时，尽量由氢燃料电池进行高功率输出，同时还要对动力电池的电量进行补充。

3）在整个运行过程中需要良好地协调氢燃料电池的运行区间和动力电池的 SOC，尽可能地保证氢燃料电池大部分时间运行在高功率区间，并且动力电池的 SOC 在正常范围之内，避免氢燃料电池的效率降低或者动力电池由于频繁的过度充放电而导致寿命缩短。

基于规则的能量管理策略通常是在能量管理的基本要求的基础上进行合理的改进，制定合适的规则库，根据规则库对电-电混合系统的能量输出进行合理控制。基于规则的能量管理大致可分为确定性规则控制和模糊控制。图 10-3 所示为一个较为典型的模糊控制器原理图。

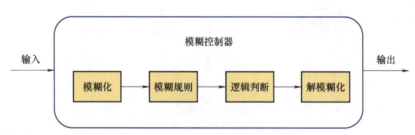

图 10-3　模糊控制器原理图

基于优化的能量管理策略通常是在考虑实际系统的需求中提出优化期望，如氢气消耗期望[11]、系统整体效率期望和输出性能期望等，通过"优化目标"的限制来进行能量管理策略的制定，以达到较好的性能。

由于基于规则的能量管理策略比较依赖于专家经验，难以达到最优的能量分配效果，因此国内外许多研究人员也会利用一些优化算法来对专家经验进行优化，以期获得更好的能量分配效果，如遗传算法[12]、神经网络和动态规划等。

10.2　FCU 基础、故障树及主要检修方法

10.2.1　FCU 基础

氢燃料电池控制单元（Fuel cell Control Unit，FCU）由四个子控制单元组成：空气供应、氢气供应、热管理及 DC/DC 子控制单元。其功能在于保证氢燃料电池系统功率输出满足上

层控制器要求，具体内容如下：供气（空气和氢气）子控制单元控制供气子系统提供一定条件（流量、温度和压力等）的反应气（空气和氢气）；热管理子控制单元控制热管理子系统将电堆运行温度控制在某一温度区间；DC/DC 子控制单元控制 DC/DC 在合适时间输出合适的电流。通过 FCU 控制，确保氢燃料电池系统稳定和可靠运行[13]，同时亦可确保其可靠地启动和停机。

氢燃料电池系统由氢燃料电池和辅助设备（空气供应、氢气供应、热管理及 DC/DC 子系统）组成，系统内各个子系统总体上是独立的，部分子系统间存在一些耦合，其中任何一个子系统发生故障都会直接影响氢燃料电池系统的输出性能，甚至使其停止运行[14]。为了保证氢燃料电池系统可靠稳定运行，需要多种不同的传感器和水/热/气/电调节控制装置协同工作，需要 FCU 对其进行统一控制。首先，需对氢燃料电池堆进行初步的系统建模以及控制变量的选取，分析哪些是主要控制变量，即对电堆性能起决定性作用的控制变量；随后，根据这些控制要求以及实际控制系统的特点进行系统主控制器的软硬件设计；然后，针对实际调试和理论分析不断优化氢燃料电池堆的控制策略，以实现对氢燃料电池系统的最优控制。氢燃料电池系统整体结构框图和控制原理图分别如图 10-4 和图 10-5 所示。

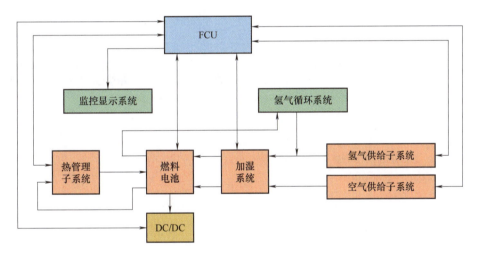

图 10-4　氢燃料电池系统整体结构框图

FCU 主要监测氢燃料电池的本身工况以及辅助设备的相关情况。首先，氢燃料电池及其辅助设备的各类模拟信号通过主控板上的模拟信号处理模块采集并处理；然后，读取相关传感器信息，从而得到氢燃料电池的外部环境以及相应的工况信息；此时，通过外部负载的功率需求结合燃料电池当前的工况信息，通过相关控制策略计算各个子控制单元所需的控制量并输出至执行器，从而控制氢燃料电池系统平稳安全运行。

控制系统的设计需要根据实际需求来进行，因此，必须对氢燃料电池系统中的控制参数进行统计，从而了解控制系统中控制变量的数量以及控制系统中输入/输出接口个数。氢燃料电池控制系统中的传感器和执行器见表 10-1[3,7]。

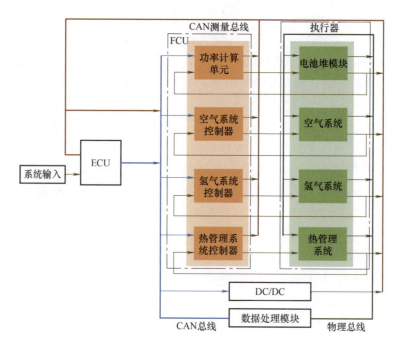

图 10-5　氢燃料电池系统控制原理图

表 10-1　氢燃料电池控制系统中的传感器和执行器

子系统	传感器	执行器
氢气供给子系统	气体流量传感器、气体压力传感器（进出口）和气体温度传感器（进出口）	氢气进气电磁阀、氢气进气压力调节阀、氢气循环泵和氢气排气压力调节阀
空气供给子系统	气体流量传感器、气体压力传感器（进出口）和气体温度传感器（进出口）	空气进气电磁阀、空气进气压力调节阀和空气排气压力调节阀
热管理子系统	液体流量传感器、液体压力传感器（进出口）和液体温度传感器（进出口）	冷却液循环泵、冷却液储存罐、散热器、混合器和节温器
DC/DC 子系统	电压/电流传感器	DC/DC 变换器
其他	温度传感器（测量环境温度）和氢气浓度传感器等	氮气进气电磁阀、冷却水循环泵和冷却水流量调节阀

表 10-2 具体分析了氢燃料电池系统的执行器的常见功能及控制方式。

表 10-2　氢燃料电池系统的执行器的常见功能及控制方式

执行器名称	执行器功能描述	控制方式
高压双稳态阀	给开信号—正脉冲，阀开并保持；给关信号—正脉冲，阀关并保持	24V 脉冲信号
调压/稳压阀	调压和稳压	24V 电压信号
前端排氢阀	主要把前端管路中的积水排出	24V 电压信号

（续）

执行器名称	执行器功能描述	控制方式
后端排氢阀	主要把电堆中阳极侧的过剩水排出	24V 电压信号
氢气增湿器	对入堆前的氢气进行增湿	0~5V 电压信号（PWM）
空气压缩机	保障入堆空气流量和压力	通过变频器控制，有两种接法：485 总线控制和模拟信号控制
空气增湿器	对入堆前的空气进行增湿	0~5V 电压信号（PWM）
冷却液循环泵	为冷却液流动提供动力	通过变频器控制，有两种接法：485 总线控制和模拟信号控制
节温器	调节冷却液的大小循环	24V 电压信号
散热器	调节冷却液温度	0~12V 电压信号（PWM）

10. 2. 2　故障树

氢燃料电池系统是一个机、电、热、气等混合的复杂系统，通常其故障可以通过过程参数和状态参数的检测进行诊断。通过分析可知，其故障特征具有多种表现形式，引起故障的原因大致可以分为机械因素、电气因素、设备因素、人为因素和环境因素。

1. 机械因素

氢燃料电池系统中导致故障发生的机械因素如图 10-6 所示[15]。

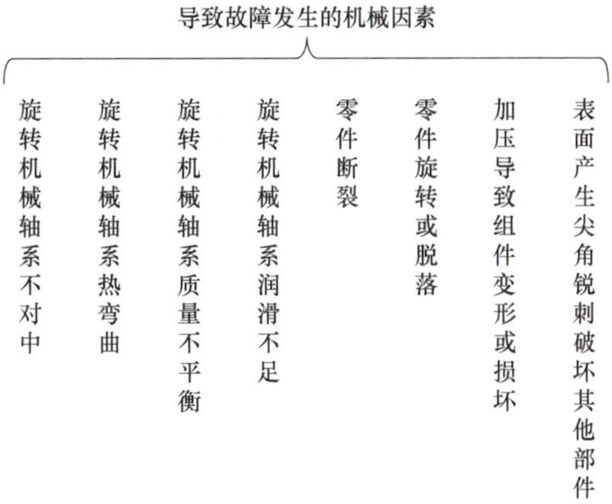

图 10-6　导致故障发生的机械因素

如上所述，在未来氢燃料电池的产业化或商业化进程中，由于交通事故而造成车辆相撞是最危险的机械因素，不仅会造成氢燃料电池系统故障，还有可能由于高压储氢瓶的存在造成安全隐患。因此，包括氢燃料电池系统在内的氢燃料电池汽车在进入市场许可时，抗机械撞击性能将会是其安全性的一个重要指标。

2. 电气因素

氢燃料电池系统中导致故障发生的电气因素如图 10-7 所示。

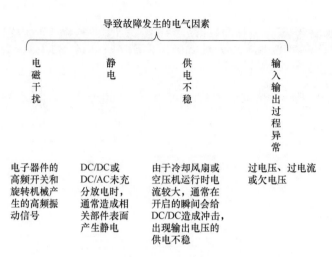

图 10-7 导致故障发生的电气因素

3. 设备因素

氢燃料电池系统中导致故障发生的设备因素如图 10-8 所示。

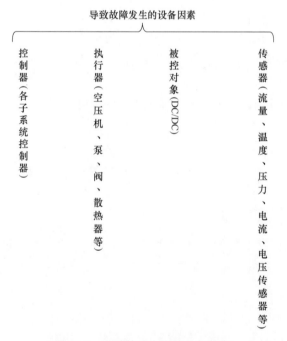

图 10-8 导致故障发生的设备因素

由于自身的质地和加工工艺水平所限制，相关执行器设备存在破裂、脱落和卡死，或传感器的感应部件失效等可靠性问题也会给氢燃料电池系统的正常运行和高效输出带来种种故障。另外，这些设备在接近其最大使用寿命末期，也会随时出现故障从而进一步降低系统的可靠性。

4. 人为因素

氢燃料电池系统中导致故障发生的人为因素如图 10-9 所示。

图 10-9　导致故障发生的人为因素

5. 环境因素

氢燃料电池系统中导致故障发生的环境因素如图 10-10 所示。

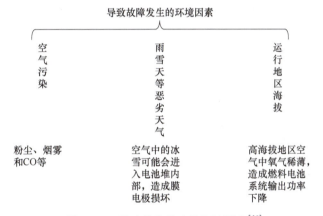

图 10-10　导致故障发生的环境因素[16]

10.2.3　主要检修方法

对氢燃料电池系统进行故障诊断就是要限定故障区间，定位具体故障源，然后采取相应解决措施。结合车载运行环境，从故障影响的范围来分，氢燃料电池系统的故障可以分为系统级故障和局部故障（具体有氢气供给、空气供给和热管理子系统故障以及电堆故障、控制器和巡检单元故障）。氢燃料电池系统的主要燃料氢气是一种易燃易爆气体，电堆的输出电压和电流较大，系统的氢、电和运行安全性最为重要，因此，有必要从安全性角度和故障的严重程度进行系统故障的分类，通过检测各种参数或状态并采用有效的方法来判断故障类型并进行相应的处理措施，保证系统的安全可靠性，见表 10-3。氢燃料电池系统的故障等级可以分为危险故障、严重故障、一般故障和轻微故障[17]。

1）危险故障：这类故障直接涉及系统的氢、电安全和可靠运行，是最高级别的，一旦发生，FCU 紧急切断相关线路或断开相关部件进行自保护。

2）严重故障：这类故障会影响系统的正常运行，或降低电堆的性能和使用寿命，FCU

一般会采取保护措施进行降载或自关机操作，当其故障积累到一定时间时，故障等级将会相应上。

3）一般故障：这类故障会影响到系统健全的检测和控制功能，但不会给系统造成致命性危害，可以根据自身的需要进行容错处理或自关机保护。

4）轻微故障：这类故障对系统的整体功能没有实质性的危害，可以忽略不计。可先进行记录，待氢燃料电池系统停机后进行检修和更换加以排除。

表 10-3　FCU 的故障分类与安全等级划分

故障范围	故障类型	安全等级
控制器故障	最小系统故障（供电电路、晶振电路和 MCU）	严重故障
	A/D 采样电路（滤波、放大和 A/D 芯片）	严重故障
	D/A 输出电路故障（空压机转速、氢气循环泵转速、加湿器转速和冷却液循环泵转速）	严重故障
	DO 输出电路故障（阀、继电器和开关）	严重故障
	通信故障（CAN、串口和 USB）	严重故障
	软件故障（程序 BUG 和逻辑错误）	严重故障

为了便于故障的检修，可以设计子系统故障的状态码，每一部件出现的故障均可以在状态码中体现出来。同时判断故障的等级，对于较为严重的故障进行停机检查，故障等级较低的故障在具体的执行器控制策略中进行处理和修复。以氢气供给子系统故障来说，氢气安全阀后端压力可以表示储氢罐中剩余氢气量，若压力低于设定阈值，则说明氢气量不足或者进气阀故障，故障等级设置为 1（最高等级），表示系统进行停机检查处理。氢气入堆压力高于或低于相应的阈值都会产生故障，高于设定值表示进气压力过高，减压阀失效；低于设定值表示氢气供应不足，故障等级设置为 2，向 VCU 提出降载请求。此外，氢气进出堆的压差与膜的水淹情况成正相关，压差高于阈值表示膜水淹故障，系统故障等级为 1，需要停机检查。对于其他的子系统，空气子系统对气体压力、流量进行监测，判断空气的供应是否合适；加湿子系统对加湿液的水温、水压进行监控；热管理子系统对冷却液各点的温度、压力以及冷却液储存罐液位等信息进行监控，并对故障信息做出相应的处理；对电堆及单体电压信息进行监控以判断电堆是否故障；其他的故障检测还包括氮气吹扫压力、氢气浓度检测和开机时间监控等。

10.3　控制单元、CAN 总线常见故障及主要检修方法

10.3.1　FCU、VCU 与 BMS

氢燃料电池控制单元（Fuel Cell Control Unit，FCU）是氢燃料电池系统的重要部件，用以确保氢燃料电池稳定运行。FCU 从 VCU 接收功率需求，计算得到空气、氢气、热管理和 DC/DC 等子系统的需求，将信号传递给各子系统的控制系统对执行器进行控制，保证氢燃

料电池系统的输出功率满足驾驶员的需求。

整车控制单元（Vehicle Control Unit，VCU）是整个车辆的核心，它采集驾驶员的输入信号，如加速踏板和制动踏板信号等，分析驾驶员的意图，控制下层控制器进行工作，如计算所需的功率与转矩等。另外，VCU 还需要进行故障诊断与处理等。

电池管理系统（Battery Management System，BMS）是用于电动汽车（EV、PHEV 和 HEV）的动力电池监测与高压电能管理的综合系统。它可以对动力电池进行在线监控和实时控制，并为整车提供动力电池的状态信息，如电压、电流、温度以及 SOC 等；实时判断动力电池的运行状态是否正常，若出现故障，则会做出相应处理措施。除了上述功能外，BMS 还具有与外部设备通信和控制充电方式等功能[18-19]。

BMS 的功能主要包括电池单体及整包的电压检测、电池组充放电电流检测、电池箱温度场的控制、电池箱气密性检测、电池组 SOC 与 SOH 的估算、与整车控制器及显示系统通信、充电控制、电池组实时状态判断与故障控制、能量管理、高压安全管理和热管理等。

三者间关系如图 10-11 所示，VCU 根据制定的能量管理策略将车辆所需的动力分配给 FCU 和 BMS，FCU 和 BMS 根据该指令各自进行子系统的相关控制，最终实现车辆的动力需求。同时，FCU 和 BMS 也将氢燃料电池和动力电池的当前状态等信息反馈给 VCU，实现交互通信。

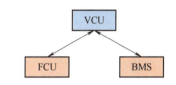

图 10-11　VCU、FCU 和 BMS 间的关系图

10.3.2　CAN 总线基础

控制器局域网络（Controller Area Network，CAN）是 20 世纪 80 年代初，由德国博世公司提出的用于解决汽车内部复杂的硬信号接线的技术，是一种 ISO 国际标准化的串行通信协议，是当今汽车各电控单元间通信的总线标准。在汽车领域，特别是新能源和智能网联汽车领域中，CAN 总线技术获得广泛应用。

CAN 根据速率不同，可分为高速 CAN 与低速 CAN。一个典型的车载网络中，动力、车身和信息娱乐系统使用不同的网络，并通过网关相连。其中高速 CAN 主要应用于汽车的动力与安全系统，包括发动机、变速器和 ABS 等；而低速 CAN 主要应用于汽车空调、车窗控制和仪表等。高速 CAN 的传输速度大于 125kbit/s，通常为 500kbit/s，低速 CAN 的传输速度低于 125kbit/s，通常为 100kbit/s。CAN 网络的常用传输介质为双绞线[20]。

CAN-BUS 主要由 CAN 控制器和 CAN 收发器组成，CAN 控制器由一块可编程芯片上的逻辑电路组成，实现 CAN 通信协议中物理层和数据链路层的功能，并设置有与控制单元数据交换的物理接口。控制单元内部存有针对 CAN 控制器的程序，这些程序设置了其工作方式，控制其工作状态，有故障监控的数据发送和接收，它是应用层建立的基础。CAN 收发器提供了 CAN 控制器与物理总线之间的接口，是影响网络性能的关键因素[21]。

10.3.3　常见通信故障与检修方法

根据上文所述，CAN 总线对于整车以及氢燃料电池系统都起着十分重要的作用，CAN 总线如果出现通信故障，会对整车及氢燃料电池系统产生严重后果。CAN 总线故障产生的主要原因是 CAN 总线线束出现断路、短路故障或者 CAN 系统连接的控制器出现内部故障。

1. 故障分类

CAN 总线故障的类型大致可以分为通信线路与控制单元的故障，具体如下：

1）数据链路故障：当汽车 CAN 总线的数据链路或通信线路出现故障时（通信线路的短路、断路以及线路物理性质引起的通信信号衰减或失真），都会引起多个电控单元无法工作或控制单元（ECM）系统错误动作，使 CAN 总线无法工作。

2）ECM 引起的总线故障：汽车 CAN 总线的核心部分是含有通信 IC 芯片的 ECM，ECM 的正常工作电压在 10.5~15.0V 之间。如果汽车电源系统提供的工作电压低于该值，就会造成一些对工作电压要求较高的电子控制单元出现短暂的工作停止，从而使整个汽车 CAN 总线出现短暂的无法通信。

3）ECM 故障：节点是汽车 CAN 总线中的 ECM 与总线的连接点，因此节点故障就是 ECM 的故障。它也包括软件的故障，即 CAN 通信协议或软件程序有缺陷或冲突，使 CAN 总线通信出现混乱或无法工作。

2. 故障原因及排除

常见的 CAN 通信故障存在以下现象，根据这些现象大致可以分析出故障出现的原因[21]。

（1）不能进行通信

1）原因：BMS 不工作和 CAN 双绞线断线。

2）故障排除：检查供电是否正常；检查高位线、低位线是否断线、退针或插接器没有插牢；调取 CAN 通信端口数据，解析 CAN 数据帧查看是否能够收到 BMS、VCU 或 FCU 的数据帧。

（2）通信不稳定

1）原因：外部 CAN 总线匹配不良或总线分支过长。

2）故障排除：检测 CAN 总线匹配电阻是否正确；匹配位置是否正确，分支是否过长。

（3）BMS 内部通信不稳定

1）原因：CAN 双绞线插头松动、双绞线布线不规范或 BMS 地址有重复。

2）故障排除：检测 CAN 双绞线是否松动；检测 CAN 总线匹配电阻是否正确，匹配位置是否正确，分支是否过长；检查 BMS 地址是否重复。

3. 操作步骤

对于线路和 ECM 等各部位的基本检查，可按以下 6 个步骤进行操作[21]：

1）输入线路检查：找到 CAN 高位和低位数据线输入的针脚；将输入的针脚与模块脱离；检测线路是否有正常的信号电平和波形。

2）输出线路检查：确定输出的 CAN 高位线和低位线是否断线或搭铁；将输出的针脚与模块脱离；检测线路是否有信号电平或波形。

3）ECM 电源检查：ECM 上多则有 4 条电源线，在模块正常工作时，每条电源线都应该有+12V 的电压。

4）ECM 搭铁线检查：ECM 上一般都有 2~3 条搭铁线，这些搭铁线要与全车的搭铁线连接良好。

5）唤醒线检查：CAN 总线系统各个 ECM 都停止工作时，系统自动进入耗电量非常小的状态，称之为"休眠模式"。总线系统重启进入工作状态要激活其中的一个模块，而后"一醒皆醒"，该 ECM 有 1 根唤醒线，总线重启时要有+12V 的电压。

6）CAN 双绞线检查：有终端电阻的高速 CAN 可通过测阻值来检测 CAN 的双绞线，无终端电阻的低速 CAN 只能检测工作时的双绞线上的电压（应为 2.5V 左右）。

4. 诊断流程

根据上述的故障发生部位与原因以及各部位的检查方式，可以总结出如下的诊断流程[22]：

1）剖析并确认故障现象。

2）排故实施作业：根据故障情况，将仪器连接好并调取关联系统 CAN 故障代码加以分析，对 CAN 总线进行全面的检测，锚定故障类型和查找故障部位。

3）竣工后检查：对故障零部件进行维修更换后，对系统运转情况采取竣工检查，直至故障确认被排除。

10.4　DC/DC 变换器基础、常见故障及主要检修方法

10.4.1　DC/DC 变换器基础

DC/DC 变换器是一种在直流电路中将某个电压值的电能转变为其他电压值电能的直流变换装置，通过高速通断控制把直流电压斩成一系列的脉冲电压（所以也叫斩波器），通过控制通断占空比、通断周期或两者的变化来改变这一脉冲序列的脉冲宽度，以实现对输出电压平均值的调节，再经过输出滤波器的滤波，最后在被控负载上得到电流或电压可控的直流电能[23]。目前通信设备的直流基础电源电压规定为-48V，由于在通信系统中仍存在-24V（通信设备）及+12V、+5V（集成电路）的工作电源，因此，有必要将-48V 基础电源通过 DC/DC 变换器变换到相应电压种类的直流电源，以供实际使用。

DC/DC 变换器作为氢燃料电池系统的关键部件，其技术的进步促进了氢燃料电池产业的发展，为氢燃料电池电动汽车的推广奠定了技术基础。DC/DC 变换器能够根据氢燃料电池的输出特性，对输出功率进行控制，保证氢燃料电池能够正常工作；同时可依据负载的需求，对输出电压和电流进行控制。

氢燃料电池 DC/DC 变换器能在车载环境中得到很好的应用，得益于以下几个方面的原因：

1）高转换效率：转换效率是车载 DC/DC 变换器的重要指标之一，高的转换效率可以让电能的利用率高。

2）高功率密度：车载电力设备对体积有着严格的要求，小体积高功率密度更加节省空间。

3）抗干扰能力强：氢燃料电池电动汽车整车有很多电子设备，会产生电磁干扰，而 DC/DC 工作也会产生电磁干扰，只有抗干扰能力强，才可以保证产品工作的稳定性。

4）满足氢燃料电池系统功率输出特性的需求：氢燃料电池的功率变换器后级所接负载为动力电池与电机驱动装置，变换器输出电压与电流的大小可控，且在各个功率点都

能够稳定输出。

5）输入电流纹波小：输入电流纹波越小，氢燃料电池发电多且使用寿命越长，输出电流纹波小，对动力电池充电也更加稳定。

DC/DC 变换器从电路拓扑结构上可分为非隔离型和隔离型两类；按所用功率开关管的数量又可分为单管、双管和四管三类。单管非隔离直流变换器有六种基本类型：降压变换器（Buck）、升压变换器（Boost）、升降压变换器（Buck-Boost）、Cuk 变换器、Sepic 变换器和 Zeta 变换器等。其中前两种是基本类型，后四种是前两种的组合。

非隔离单向 DC/DC 变换器电路结构与拓扑实例如图 10-12 所示。该电路由输入 LC 滤波器、逆变器、高频储能电感、整流器和输出滤波电容依序级联构成，是研究其他 Buck-Boost 型变换器的基础。该电路具有输出与输入反极性以及成本低的优点，适用于输出与输入电压极性相反的中小功率直流变换场合。

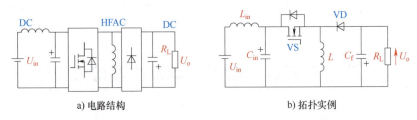

a) 电路结构　　　　　　　　b) 拓扑实例

图 10-12　非隔离单向 DC/DC 变换器电路结构与拓扑实例

高频储能式变压器替代图 10-12 电路结构中的高频储能电感，可派生出图 10-13 所示的隔离单向 DC/DC 变换器。与图 10-12 所示的电路结构相比，该电路结构可广泛应用于输出与输入电气隔离、多路输出的中小功率直流变换场合。

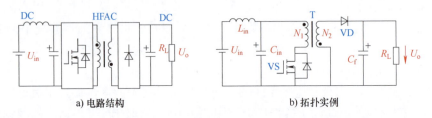

a) 电路结构　　　　　　　　b) 拓扑实例

图 10-13　隔离型单向 DC/DC 变换器电路结构与拓扑实例

用有源功率开关替代图 10-12 所示电路结构中的整流器，可派生出图 10-14 所示的非隔离双向 DC/DC 变换器。由于该双向直流变换器只能实现电流的双向流动，不能改变电压极性，特别适用于蓄电池充放电。

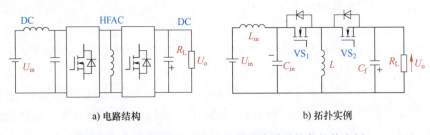

a) 电路结构　　　　　　　　b) 拓扑实例

图 10-14　非隔离双向 DC/DC 变换器电路结构与拓扑实例

用高频储能式变压器替代图 10-14 所示电路结构中的高频储能电感，可派生出图 10-15 所示的隔离双向 DC/DC 变换器。与传统的采用两套单向 DC/DC 变换器实现能量双向流动的方案相比，该电路结构功率器件数少、变换效率高、成本低。

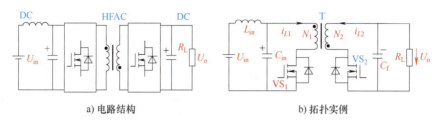

a) 电路结构　　　　　　　　　　　　b) 拓扑实例

图 10-15　隔离双向 DC/DC 变换器电路结构与拓扑实例

10.4.2　常见故障

DC/DC 变换器常见故障主要有两种：DC/DC 变换器充电熔断器断开；DC/DC 变换器损坏故障。

DC/DC 变换器充电熔断器断开主要表现为全车电弱，用电器打不开，车辆无法行驶。产生故障的原因一般有三种：DC/DC 变换器电路损坏；有漏电的用电器；蓄电池损坏，存不住电。

DC/DC 变换器损坏故障主要表现为蓄电池无电，并且更换新蓄电池不久后，仍旧无电。产生故障的原因一般有三种：高压电没加到 DC/DC 变换器上；DC/DC 变换器未进行 14V 充电电压转换；蓄电池向外部漏电严重。

常见的 DC/DC 故障见表 10-4。

表 10-4　常见 DC/DC 故障

故障描述	触发条件
主机驱动故障	主机 IGBT 驱动器保护
主机低压端严重过流	主机低压端电流>300A
高压互锁故障	高压互锁回路断开
主机散热器严重超温	主机散热器温度>80℃
主机散热器轻微超温	主机散热器温度>78℃
严重通信故障	连续丢失 50 帧
轻微通信故障	连续丢失 20 帧

1. 诊断方式

（1）现场故障数据分析

使用 CAN 总线数据采集分析工具现场对数据进行分析，确认故障原因。

（2）远程数据分析

通过车载终端（T-BOX）将氢燃料电池发动机运行数据上传到大数据云平台，并通过远程对故障进行初步分析。

2. 检修方法

（1）主机驱动故障

1）故障解析：主机 IGBT 驱动器保护。

2）检查方向：检查 DC/DC 连接高压线及内部 IGBT 继电器。

3）检修步骤：

① 尝试重启，复现故障，读取故障数据流。

② 检查外部连接接插件。

③ 确认 DC/DC 故障的，更换新的 DC/DC。

（2）主机低压端严重过流

1）故障解析：主机低压端电流>300A。

2）检查方向：检查 FC 输入高压端接插件、电流传感器线束。

3）检修步骤：

① 尝试重启，复现故障，读取故障数据流。

② 检查 FC 连接 FC 和 DC/DC 的高压接插件。

③ 检查内部电流传感器接插件。

④ 确认 DC/DC 故障的，更换新的 DC/DC。

（3）高压互锁故障

1）故障解析：高压互锁回路断开。

2）检查方向：高压互锁接插件。

3）检修步骤：检查高压互锁的接插件及 PIN 脚；确认是否损坏或者退针情况。

（4）主机散热器故障

1）故障解析：主机散热器温度>78℃；主机散热器温度>80℃。

2）检查方向：DC/DC 散热系统。

3）检修步骤：

① 通过红外测量仪等工具测量，确认 DC/DC 冷却水管温度与报警阈值是否对应。

② 检查 DC/DC 冷却路水泵工作是否正常、风扇是否工作。

③ 检查 DC/DC 冷却路水泵供电以及继电器工作情况。

④ 如为 DC/DC 问题，更换新的 DC/DC。

（5）通信故障

1）故障解析：连续丢失 20 帧；连续丢失 50 帧。

2）检查方向：检查 DC/DC 通信。

3）检修步骤：

① 检查 DC/DC 连接的低压通信线，确认针脚无损坏及退针情况。

② 连接设备，查看 CAN 通信的报文错误帧情况。

③ 整车上低压电，测量与 DC/DC 连接处 CAN-H 和 CAN-L 的电压。

④ 测量 CAN 通信路的终端电阻。

10.4.3　主要检修方法

1. DC/DC 变换器充电熔丝断开故障诊断与维修

1）诊断方法：诊断此种故障需要一块满电的蓄电池来更换车上的低压蓄电池，用来排除蓄电池损坏而导致全车电弱的原因。更换蓄电池后，若仍旧无法充电，或充电一段时间后蓄电池电压仍旧偏低，则排除蓄电池损坏的原因。因此，接下来测量 DC/DC 变换器的供电熔丝。从熔丝盒的供电保险测量 DC/DC 变换器是否发电（第一次是从蓄电池极桩测），经检测，若 DC/DC 变换器能正常输出充电电压，但是不充电就说明一定有断开的部位。在实际诊断中，可透过熔丝的观察口，观察熔丝是否断开。

2）维修方法：既已找到故障位置，则更换损坏的熔丝即可。先拆下熔丝两端的电缆。熔丝通过螺栓固定在熔丝盒中，拆下螺栓，更换合适的熔丝。更换完成后，故障排除。

2. DC/DC 变换器损坏故障诊断与维修

1）诊断方法：首先更换一块有电的蓄电池，打开点火开关，上电正常，说明 DC/DC 变换器高压供电基本正常。随后测量蓄电池电压，若明显低于 DC/DC 变换器转换电压，则可初步判定 DC/DC 变换器损坏。接着检查 DC/DC 变换器低压控制线供电和搭铁，若正常，则可判定 DC/DC 变换器损坏，解决办法是更换 DC/DC 变换器。

2）维修方法：在操作过程中，出于安全考虑，在断开蓄电池后，对变频器的直流进线进行验电，电压为 0 则拆除原 DC/DC 变换器更换新的即可。

DC/DC 变换器快速检查诊断表见表 10-5。

表 10-5　DC/DC 变换器快速检查诊断表

序号	检查步骤	检查结果		操作方法
		正常	有故障	
1	熔丝是否熔断	转第 2 步	熔丝熔断	更换熔丝
2	高压熔丝是否熔断	转第 3 步	高压熔丝熔断	更换高压熔丝
3	DC/DC 继电器是否损坏	转第 4 步	继电器损坏	更换 DC/DC 继电器
4	控制器是否损坏	转第 5 步	控制器损坏	更换控制器
5	DC/DC 变换电路是否正常	转第 6 步	DC/DC 变换短路或短路	维修供电线路
6	DC/DC 变换器是否损坏	转第 7 步	DC/DC 变换器损坏	更换 DC/DC 变换器
7	正确检修后，是否仍有故障	诊断结束	仍有故障	查找其他故障原因

10.5　维修实训：DC/DC 变换器的日常维护

（1）DC/DC 维修更换

DC/DC 为高压工作零部件，且与多个高压零部件相连接，在维修更换操作时，必须严格按照电气安全要求执行维修更换作业。具体操作步骤如下：

1）关闭所有电气设备，关断电源开关，并静置 30min 以上，再断开相关的低压线束和高压线束插头。

2）使用水管夹，夹住 DC/DC 进出冷却水管。

3）松开 DCF 进出水管与 DC/DC 端口处的 2 个喉箍，并拔开 DCF 进出水管，并将漏出的防冻液进行回收。

4）拆开铜排盖板上的 14 颗 M6×16 六角法兰面螺栓，拆下铜排盖板（图 10-16）。

5）拆掉铜排处六角法兰面螺栓（图 10-17）。

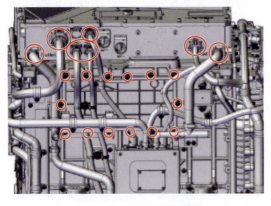

图 10-16　拆下铜排盖板

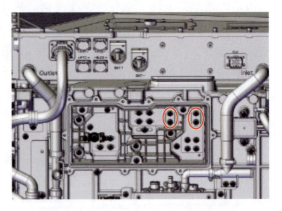

图 10-17　拆掉铜排处六角法兰面螺栓

6）拆掉 DC/DC 与框体处的六角法兰面螺栓，并拆下 DC/DC（图 10-18）。

（2）DC/DC 日常检查

1）上低压电，观察 DC/DC 上报温度值是否在正常范围内，如长时间不工作，此值应与环境温度相差±5℃。

2）上高压电，观察 DC/DC 上报输入端电压值是否与动力电池电压相差±1.5%。

3）启动电池堆，观察 DC/DC 是否可按指令输出电流。

4）检查 DC/DC 与 DCF 正负极铜排连接处是否有异味、烧焦、变形，连接防松螺栓力矩是否衰减（色漆标记是否偏移）。

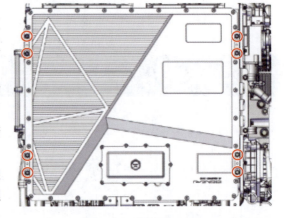

图 10-18　拆下 DC/DC

（3）DC/DC 注意事项

1）如更换新 DC/DC，安装前需对 DC/DC 进行绝缘检测。测试方法：断电（高低压均断电），分别测各供电端子对机壳的绝缘电阻，测试电压 500V，绝缘电阻大于 1MΩ 即为正常。

2）返修拆装 DC/DC 后，清楚正负极铜排螺牙里的防松螺纹胶，以及杂质、铁屑，并进行吹扫，必须保证表面清洁，再进行安装，所有螺栓全部用新的替换。

参 考 文 献

[1] 周苏，王克勇，文泽军，等. 车用多堆燃料电池系统能量管理与控制策略［J］. 同济大学学报（自然科学版），2021，49（1）：107-115.

［2］牛继高，司璐璐，周苏，等. 增程式电动汽车能量控制策略的仿真分析［J］. 上海交通大学学报，2014，48（1）：140-145.

［3］文泽军，杨昀梓，周苏，等. 燃料电池检测与控制系统开发［J］. 机电一体化，2017（11）：34-37+48.

［4］张传升，周苏，陈凤翔. 燃料电池发动机自适应控制模型集的确定［J］. 汽车工程，2012，34（5）：4.

［5］周苏，胡哲，文泽军. 基于 K 均值和支持向量机的燃料电池在线自适应故障诊断［J］. 同济大学学报：自然科学版，2019（2）：255-260.

［6］周苏，韩秋玲，胡哲，等. 质子交换膜燃料电池故障诊断的模式识别方法［J］. 同济大学学报：自然科学版，2017，45（3）：408-412.

［7］周苏，高文捷，杨铠. 基于 FCM 的车载燃料电池故障诊断方法研究［J］. 机电一体化，2016（8）：3-6.

［8］周苏，杨铠，胡哲. FCM 方法和 SVM 方法在燃料电池故障诊断模式识别中的对比研究［J］. 机电一体化，2016（5）：3-7.

［9］ZHANG F，HU X，LANGARI R，et al. Energy management strategies of connected HEVs and PHEVs：recent progress and outlook［J］. Progress in Energy and Combustion Science，2019，73（7）：235-256.

［10］HONG W，HUANG Y，HE H，et al. Energy management of hybrid electric vehicles-sciencedirect［J］. Modeling，Dynamics and Control of Electrified Vehicles，2018：159-206.

［11］FU Z，LI Z，SI P，et al. A hierarchical energy management strategy for fuel cell/battery/supercapacitor hybrid electric vehicles［J］. International journal of hydrogen energy，2019，44（39）：22146-22159.

［12］刘新天，李强，郑昕昕，等. 基于多目标优化的燃料电池汽车能量管理策略［J］. 电子测量技术，2021，44（6）：81-89.

［13］杨维. 燃料电池单片电压巡检系统设计与故障诊断研究［D］. 武汉：武汉理工大学，2007.

［14］熊茜. 基于神经网络的燃料电池发动机故障诊断系统设计［D］. 武汉：武汉理工大学，2010.

［15］唐浩，屈梁生. 基于支持向量机的发动机故障诊断［J］. 西安交通大学学报，2007，41（9）：1124-1126.

［16］VAHIDI A，STEFANOPOULOU A，PENG H. Current management in a hybrid fuel cell power system：a model-predictive control approach［J］. IEEE Transactions on Control Systems Technology，2006，14：1047-1057.

［17］白日光. 燃料电池控制器及其故障诊断方法研究［D］. 上海：同济大学，2005.

［18］王丹，续丹，曹秉刚. 电动汽车关键技术发展综述［J］. 中国工程科学，2013，15（1）：68-72.

［19］李拾成. 基于 CAN 总线的电动汽车动力电池能量管理系统研究［D］. 广州：华南理工大学，2017.

［20］陈凡. 汽车高速 CAN 线缆的传输特性研究［J］. 五邑大学学报：自然科学版，2014，28（1）：36-39+44.

［21］戴梦萍，纪永秋. 电动汽车 CAN 通信故障检修［J］. 内燃机与配件，2021（21）：154-155.

［22］杨旭. 轿车 CAN 总线通讯故障的检修［J］. 机电工程技术，2020，49（8）：253-263.

［23］拉米尼，迪克斯. 燃料电池系统：原理·设计·应用［M］. 北京：科学出版社，2006.

第 11 章　氢燃料电池汽车传动桥故障检测与维修

11.1 **电驱动传动桥基础**

　　车桥的功能就是传递车架（或承载式车身）与车轮之间各方向作用力及其力矩，它对汽车的动力性、稳定性、承载能力等性能有着重要的影响。

　　氢燃料电池汽车传动系主要由驱动电机及控制器、变速器、减速器、差速器、半轴、车轮等组成，各部件的功能如下：

　　1）驱动电机及控制器：将电能转化为机械能，作为氢燃料电池汽车的驱动力。

　　2）变速器：改变传动比，以适应不同的行驶速度和行驶条件。在传统燃油汽车上，它可以在发动机旋转方向不变的情况下，使汽车倒退行驶；还可以利用空档中断动力传递，且使发动机停留在怠速的状态。

　　3）减速器：降速增矩、改变力的传递方向，使车辆具有良好的动力性和经济性。

　　4）差速器：将减速器传来的动力分配给左右半轴，并允许两半轴以不同速度旋转，来满足左右驱动轮在行驶过程中差速的需要。

　　驱动桥作为传动系统中重要的一环，位于汽车传动系统的末端，在汽车的机械式传动系中，驱动桥（减速器、差速器、半轴、桥壳等）的作用是将动力源发出的转矩传递到驱动轮。它具有以下功能：具有合适的减速比，使车辆具有良好的动力性和经济性；具有差速作用，保证汽车在转向或在不平道路上行驶时，内外侧车轮能以不同转速转动，轮胎不产生滑拖现象；驱动桥还要承受作用于路面和车架或车身之间的垂直力、纵向力和横向力，以及制动力矩和反作用力。

　　电驱传动系与传统燃油汽车的传动系原理基本相同，从差速器到半轴再到车轮这一部基本没有区别。在传统燃油汽车机械传动系是发动机动力经由（飞轮）离合器—变速器—主减速器—差速器；液力传动系是（飞轮）液力变矩器—自动变速器—主减速器—差速器；电动汽车传动系是电机—减速器—差速器（图 11-1、图 11-2）。在燃油汽车中变速器的重要性不言而喻，而在电动车辆中除了需要用到大转矩的车辆上，如公交车和重型货车会使用变速器之外，如轿车等轻型车辆则一般选择采用固定齿比的减速器代替变速器。燃油汽车之所以使用变速器，是因为内燃机虽然作为人类工业的重要成果，其性能目前已经相当强劲了，但是依旧会拥有一些先天问题，例如低转速下无法输出大转矩，发动机动力需要达到一定转速才能发挥其最大转矩，而且如果转速过高的情况下，其转矩输出会急剧衰减，变速器就是需要弥补发动机在过低转速和高转速下转矩太低的问题。而在电机作为动力源的车辆中，电机的动力输出是转速越低转矩越大，这就意味着电机在低速，甚至零转速下也可以输出很大的转矩，从而保证电动汽车在起步时的动力响应。到了高速阶段电机的动力输出工作范围又

图 11-1　传统燃油汽车传动系

特别广，虽然在高转速时电机转矩会有所下降，但是由于车辆有了巨大惯性，所以依旧有着不错的动力响应。从性价比角度考虑，目前大部分电动汽车没有 "变速器"；随着车辆差异化需求提升，部分车辆开始考虑配置档位较少的变速器，如在重型货车上装用 2 档或 3 档的行星齿轮变速器，提升其重载爬坡性能和稳态行驶的经济性。

　　电驱动车辆需要移动时，机械部分动力传递路线是由电机产生的驱动力通过变速器和减速器（或只通过减速器），然后经过差速器将驱动力分配给左右半轴，最后传递至驱动车轮上，使车辆前后移动，如图 11-3 所示。

图 11-2　电动汽车传动系

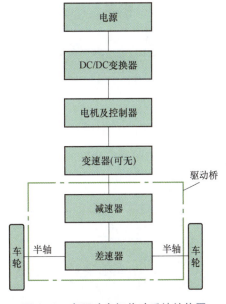

图 11-3　电驱动车辆传动系统结构图

　　汽车传动系的布置形式一般取决于车辆的使用性质、驱动形式和系统布局。驱动形式一般以车辆总轮数×驱动车轮数来表示。按照动力源与驱动桥的相对位置，还可以将汽车分为

前置前驱、前置后驱、后置后驱、全轮驱动等驱动方式。

11.2 电机及动力电池基础

11.2.1 电机基础

电机（Electric machinery）是指依据电磁感应定律实现电能转换或传递的一种电磁装置，在电路中用字母 M（Motor）表示。电机为整车动力系统对外输出部分，它将动力电池或者氢燃料电池系统提供的电能转化成机械能，驱动整车运行（图 11-4）。

汽车行驶的特点是频繁地起步、加速减速、停车等，在低速或爬坡时需要高转矩，在高速行驶时需要低转矩。电机的转速范围应能满足汽车从静止到最大速度的要求，及要求驱动电机要有较高的功率密度。和其他工业驱动电机相比，汽车所使用的驱动电机，对于重量、体积、性能等指标都有更加严格的要求（图 11-5）。可以说驱动电机系统是电驱动汽车中最核心的功能模块之一，其动力性能指标直接决定汽车的驾驶体验。

图 11-4　电动汽车动力系统总成

图 11-5　驱动电机及减速装置

（1）驱动电机的结构

电驱动车辆的驱动电机除了常见的定子转子外，还有冷却系统、旋转变压器、电机控制器等其他部件（图 11-6~图 11-11）。

图 11-6　壳体

图 11-7　定子

图 11-8　转子

图 11-9　电机控制器

图 11-10　旋转变压器

电子水泵

图 11-11　冷却系统

（2）驱动电机冷却系统

电机的散热方式主要有风冷（自然冷却）和液体冷却两种，电驱动车车辆上普遍采用液体冷却方式，俗称水冷。电驱动车辆上冷却系统与传统燃油汽车的冷却系统相似，只是冷却水泵为电子式，由电源驱动（图 11-11）。

异步电机的转子转速总是略低于旋转磁场的同步转速；同步电机转子转速与负载大小无关，而始终保持为同步转速。目前市面上的电动汽车所使用的电机主要有两种：永磁同步电机和交流异步电机。随着电动车辆使用范围扩展，在一些特定用途中，车轮电机一体化的轮毂电机开始了应用。例如，需要多轮全驱动、全转向的军用车辆，以及轮式机械、机场内接驳的摆渡车等，轮毂电机以其布置灵活弥补了其他电机的劣势。

永磁同步电机的工作原理是：通电后，电机中的线圈就会产生磁场，然后因为与内部的磁铁同性相斥，所以线圈便会开始转动，电流越大，线圈转动速度越快。永磁同步电机的优点在于电机体积小而且质量轻，有利于整车减重和节省空间。永磁同步电机的整体效率高，使电机高效区可达到 97%，保证了动力和续驶里程。永磁同步电机通常需要使用到稀土这种稀缺资源，随着产业化能力提升、市场规模扩大，原来永磁同步电机造价相对较高的缺点正在被克服，性价比综合优势逐步显现。

交流异步电机与永磁同步电机虽然都是电生磁，但交流异步电机与永磁同步电机不同，交流异步电机是线圈+铁心的结构，通电后产生磁场，并随着电流变化，磁场的方向和大小也会跟着改变。交流异步电机没有永磁同步电机的高功率，能耗较大，体积也比永磁同步电机大，但成本较低。

11.2.2 动力电池基础

动力电池是指在车辆上装配使用的、能够储存电能并可再充电的、为驱动车辆行驶提供能量的装置。氢燃料电池汽车上使用动力电池，能够平衡整车运行时对功率需求的瞬时变化，同时为氢燃料电池系统创造出稳定的工况。

汽车上使用的动力电池一般由多个电池单体，将其串联、并联，再加上一些控制单元、冷却系统、采集系统等组成（图11-12）。

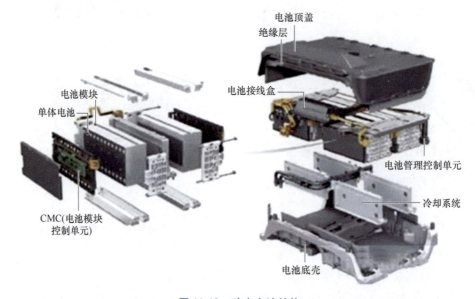

图 11-12　动力电池结构

电动汽车用动力电池应具有高能量和高功率、高能量密度、高倍率部分荷电状态下的循环使用、工作温度范围宽、使用寿命长、安全可靠等特点。

目前市面上比较常见的动力电池主要有铅酸电池、镍氢电池、锂离子电池。

（1）铅酸电池

铅酸电池是一种电极主要由铅及其氧化物制成，电解液是硫酸溶液的蓄电池。它在车辆上常用作低压电源。

（2）镍氢电池

镍氢电池是一种正极活性物质主要由镍制成，负极活性物质主要有贮氢合金制成的碱性蓄电池。在锂电池尚未成熟的早期，它主要应用在日本的混合动力汽车上。

① 优点：放电电流大、能量密度高（续航能力强）、发热量小。

② 缺点：具有记忆效应，在充放电过程中容易衰减（过充过放电衰减得更厉害）。

（3）锂离子电池

锂离子电池是一类使用石墨等材料为负极、采用非水电解质溶液的可充电电池。因其能量密度高、循环寿命长，是目前新能源汽车领域使用最为广泛的电池类型。根据不同正极材料，锂离子电池可分为磷酸铁锂电池、三元锂电池、锰酸锂电池等类型。目前市场份额最高的是磷酸铁锂电池。

1）磷酸铁锂电池：用磷酸铁锂作为正极材料的锂离子电池。

① 优点：安全性能相对较高、使用寿命长、高温性能好、大容量、无记忆效应、环保等。

② 缺点：能量密度低，功率密度较低，多用于大客车、货车等对能量密度要求不高的领域。

2）三元锂电池：其电池正极材料主要由镍、锰（或铝）、钴与锂元素按不同比例组成。

① 优点：能量、功率密度高，使用寿命长、额定电压高，具备高功率承受力，自放电率低、重量轻、高温适应性强、绿色环保。

② 缺点：安全性相对较差、生产要求高、成本相对高。

3）锰酸锂电池：顾名思义，其正极材料为锰酸锂。

① 优点：成本较低、倍率性能优异、安全性好。

② 缺点：存储和循环寿命较差，比能量偏低。

11.3 电驱动传动桥部件故障树

本节将故障树分析方法运用在电驱动桥的故障分析上，主要是对电机及驱动车桥的常见故障进行分析。通过故障树分析法，我们能直接清楚地认识故障产生的原因及结果，便于维修。

电机作为氢燃料电池汽车驱动桥的核心部件，是将电能转化为机械能的装置，是整辆车的唯一的动力源，它的可靠性会直接影响整个驱动桥正常工作。在车辆的日常使用中，复杂的路况、工况等因素导致电机产生的故障也各类各样。

按电机部件损坏产生的后果对电机故障进行等级分类，得到的电机故障树如图 11-13 所示。

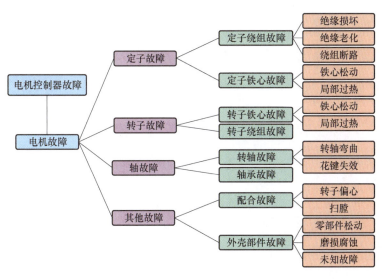

图 11-13　电机故障树

电机的常见故障如下：

1）接插件安装不牢固和定子铁心松动。故障现象是部件容易脱落，铁心局部发热。故障原因可能是电机接插件未按要求正确连接、接插件焊接不够稳定，或由电机的工作环境导致。

2）振动、噪声和轴承失效。故障现象是电机在运行时会产生异常的振动和噪声。故障原因包括：电机在其电磁力或工况频率与电机频率范围相接近而产生共振现象；轴承在安装时间隙未按要求调节，导致轴承受力不均、润滑不好、后期维护不足等。

3）永磁体退磁和绕组绝缘老化。永磁体退磁故障现象为电机空转时电流偏大，转速偏快，表现为正常行驶时车辆耗电量很高，续驶里程减少；电机绕组绝缘老化会导致绝缘被击穿，使电机失效。故障原因一般为电机运行时散热较差导致电机温度过高，或电机长期过载和相关部件达到使用寿命。

4）匝间短路和绝缘被击穿。故障现象是电机转矩降低，匝间电流增大使线圈过热，最终导致电机不能正常运行或损坏。故障原因可能是电机在复杂工况下受到电、热、机械作用等因素使绕组绝缘损坏、脱落等，导致匝间短路和绝缘被击穿。

11.4 电驱动传动桥故障检修方法

驱动桥的常见故障部位包括齿轮、十字轴、轴承、花键、调整垫片等。

驱动桥的常见故障有驱动桥异响、驱动桥过热、驱动桥漏油，其故障树分别如图 11-14~图 11-16 所示。

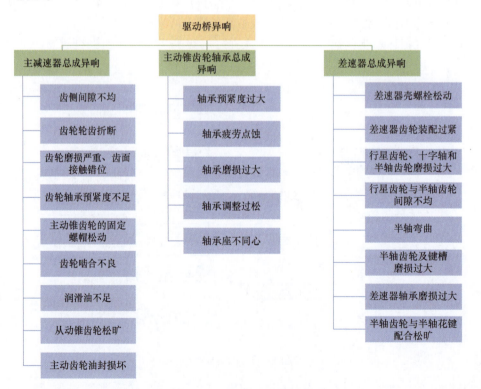

图 11-14　驱动桥异响故障树[1]

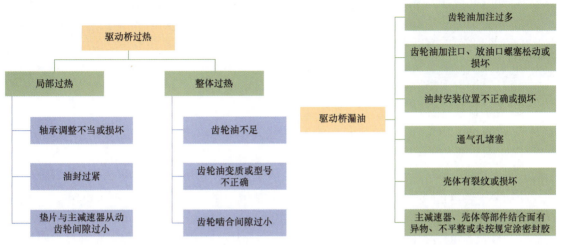

图 11-15　驱动桥过热故障树　　　　图 11-16　驱动桥漏油故障树

1. 驱动桥异响

1）故障现象：驱动桥在汽车正常行驶时，发出异响。

2）故障实质：驱动桥的传动部件磨损松旷、调整不当或润滑不良，发出不正常的响声。

3）故障原因：

① 减速器的主/从动齿轮、行星齿轮和半轴齿轮等啮合间隙过大或过小。

② 半轴齿轮与半轴的花键的配合、差速器壳与十字轴的配合、行星齿轮孔与十字轴的配合松旷。

③ 主/从动齿轮印痕不符合要求。

④ 主/从动齿轮、行星齿轮和半轴齿轮的齿面磨损，轮齿变形、折断（维修或更换）。

⑤ 驱动桥壳体主动齿轮紧固螺母或从动齿轮连接螺栓松动，造成主动、从动齿轮偏移，啮合间隙变大。

⑥ 轴承预紧度调整不当。

⑦ 半轴套管弯曲或变形。

⑧ 未按规定加注齿轮油，齿轮油油量不足、型号不符、变质或有杂物。

2. 驱动桥过热

1）故障现象：汽车行驶一段路程后，用手触摸驱动桥，温度过高、烫手。

2）故障原因：

① 齿轮油型号不对或油量不足。

② 主动、从动齿轮啮合间隙过小。

③ 轴承预紧度过大，装配过紧，间隙太小。

3. 驱动桥漏油

1）故障现象：驱动桥减速器壳体上或放油螺栓附近漏油。

2）故障原因：

① 齿轮油油面过高。

② 通气孔堵塞，导致桥内压力升高，齿轮油从接合面、油封处渗出。

③ 齿轮油的型号不对。

④ 油封老化、磨损或损坏。

⑤ 桥壳上放油螺栓松动或垫片损坏。

⑥ 桥壳上有裂纹、破损。

⑦ 各部件连接面有磨损松动、异物。

4. 故障检修方法

（1）齿轮啮合间隙检修

齿轮侧隙的测量，一般有三种方法：塞尺测量、打表测量、熔丝（软金属片）测量。

1）塞尺测量：在一对啮合齿轮的中，转动其中一个齿轮使另一个齿轮紧贴住（工作面），用塞尺测量啮合齿的另一侧间隙（非工作面）。

2）打表测量：利用带磁力吸座的千分表，让磁力吸座固定好，千分表头垂直指向从动锥齿轮一个齿的背面，固定主动锥齿轮，轻轻转动从动锥齿轮，在两个响声之间看千分表指针的跳动量。

3）熔丝（软金属片）测量：将熔丝或软金属片放置在两齿轮的非工作表面之间，转动齿轮，让其进入轮齿的啮合之中，最后取出被挤压的熔丝或软金属片，测量被挤压得最薄处的厚度。

为了准确起见，应多次测量，取其平均值。对于一对新装的主动、从动锥齿轮（包括新车和成对更换后的一对新齿轮），其齿侧间隙一般为 0.1~0.3mm，具体参数应查看维修手册；使用后最大齿侧间隙一般不超过 0.5mm，否则，应成对更换新齿轮。

（2）齿轮印痕检修

齿轮印痕的测量一般使用两面着色法，在从动齿轮的齿面检查，沿圆周均布 3~4 处，每处 2~3 齿涂色，转动齿轮检查齿面啮合情况。齿轮啮合正确印痕应位于其齿高的中间偏于小端，并占齿面宽度的 60% 以上。

（3）齿轮油检修方法

因为齿轮传动时表面压力高，所以齿轮油对齿轮的润滑、冷却、散热、防腐防锈、洗涤和降低齿面冲击与控制噪声等方面起着重要作用。而齿轮油油量过少或型号不符，会造成各齿轮干摩擦，可能会烧坏减速器和差速器齿轮及轴承，从而导致异响。国外汽车齿轮油大都按 SAE 黏度分类和 API 使用性能分类，SAE 黏度分类把齿轮油分为 75W、80W、85W、90、140 等牌号。其中，低温型标号如 SAE75W，75 为黏度，数字越小低温性能越好，W 表示低温型（冬用）；高温型号如 SAE90，SAE 后标的数字表示在 100℃ 下的机油黏度，数字越大表明齿轮油黏度越大。API 性能分类分为 GL-1~GL-6 共 6 个质量等级（常用型号 GL-3、GL-4、GL-5），数字越大齿轮油性能越好，越能满足复杂工况。我国齿轮油分为普通车辆齿轮油（GL-3）、中负荷车辆齿轮油（GL-4）、重负荷车辆齿轮油（GL-5）三级。

齿轮油加注过多会增大齿轮运转阻力和动力消耗，压力过大会损坏油封和接合处密封垫，造成漏油；齿轮油过少，则造成各齿轮干摩擦，导致烧坏减速器和差速器齿轮及轴承，引起严重机械事故。为此，经常检查后桥内齿轮油的数量、质量十分重要。

一般驱动桥桥壳上有两个螺塞孔、一个通气装置，最下端的螺塞孔为放油孔，通气装置一般在最上面，桥壳中间的螺塞孔为油位螺塞（加油孔和油量检测孔）。

在进行检查时，把车辆停放在便于操作的检修台上（举升机或地沟），拧下油位螺塞，检查齿轮油液位是否正常，然后拧下放油螺塞，等待齿轮油淌出，然后检查齿轮油的黏度指数、油的浑浊度等。在正常情况下齿轮油油量应与检测孔持平。当齿轮油油质明显浑浊、有杂物时，建议尽快更换。

更换齿轮油时，先清洁各螺塞孔、螺塞，然后拧上最下方的放油螺塞，齿轮油从加油孔进行加注，油位与加注孔平齐后加注完成，拧上油位螺栓，进行试车并检查泄漏情况。

11.5　维修实训：驱动电机系统的维护保养

驱动电机是新能源汽车的"心脏"，和汽车的动力密切相关，直接决定消费者的驾驶体验。驱动电机的养护和维修水平直接决定新能源汽车的使用寿命，因此对驱动电机的维修保养非常重要，是车辆保持良好行驶状态的基础。

对驱动电机系统的维护保养分为日常维护和故障维修。

1. 日常维护

驱动电机的日常维护非常重要，能及时发现问题减少事故，是新能源汽车保持良好行驶状态的基础工作。日常性维护保养主要分以下几个环节：

1）对驱动电机进行清洁，将驱动电机表面和线缆等位置清洁干净。

2）检查驱动电机固定螺栓等，如有松动应按规定力矩进行紧固；电机的附件线束也要进行紧固，确保不出现松动、拖拉等。

3）检查驱动电机，需要查看电机表面是否存在破损或裂痕；对于电机的附件线束等，要检查是否存在短路或断路的情况。

4）检查并补充驱动电机系统的冷却液，保证驱动电机冷却系统正常运行的条件。

2. 常见故障维修

（1）电机运行温度过高

在驱动电机正常运行时，绕组侧温度传感器会检测其绕组运行的温度，当温度过高时，电机控制器会让电机降低功率或停止工作。这种故障的主要维修方法是检查电机冷却系统，首先检查冷却液是否处于规定的液位，所有冷却液管路接口处是否有漏液；然后检查冷却水泵是否正常运转；最后检查温度传感器是否正常。还要检查电机主体是否损坏，如果电机主体由于长期过载出现损坏，应及时更换电机。

（2）电机缺相

电机缺相是指电机内部某相绕组线圈发生不通电或阻值过大过小的故障，其主要原因为某一相线圈烧蚀、线圈断路或接线端子烧蚀等。电机缺相的故障主要表现为电机抖动或间歇性转动，电机发热或噪声较大。操作方法如下：

1）拆卸驱动电机高压接线盒盖板。

2）检查电机动力线路接头有无烧蚀现象。

3）拆卸 U、V、W 三相线，用万用表电阻档分别测量它们之间的阻值，相互之间的差值大于 0.5Ω 则判定为电机缺相，需更换驱动电机（图 11-17）。

（3）电机漏油

电机漏油一般故障原因为电机油封损坏或减速器与电机装配螺栓松动，导致润滑油从缝隙渗出。操作方法如下：

1）检查漏油点位置，如在电机与减速器连接端面处，则检查螺栓是否松动。

2）如果漏油位置在电机端盖与电机壳缝隙处，则可能为电机油封损坏，需要及时更换油封并清理电机内部，以免减速器油进入电机内部损坏电机轴承和绕组（图11-18）。

图 11-17　电机维修示意图一

图 11-18　电机维修示意图二

（4）减速器噪声过大或异响

减速器作为运动传动部件，工作时会有正常的噪声，但当噪声过大或有异响时则需要视情况维修或更换减速器。

一般异响可能的原因有：

1）缺油或润滑不良。

2）齿轮油黏度太低。

3）齿轮齿面损伤或磨损过大造成齿侧隙过大。

4）轴承损坏。

5）减速器箱体受力变形。

参 考 文 献

[1] 李彦锋，杜丽，肖宁聪，等. 汽车驱动桥系统模糊故障树分析研究 [J]. 西安交通大学学报，2009，43（7）：116-120.

第 12 章 氢燃料电池汽车保养与维护

在国家政策的推动下，氢燃料电池汽车的商业化示范运行进入了快车道，伴随着氢燃料电池汽车的大规模示范运行，氢燃料电池汽车的保养与维护逐步走进人们的视野之中。氢燃料电池汽车与传统燃油车及纯电动汽车相比，由于氢气的特殊理化特性，其具备易燃易爆性、容易泄漏、扩散速度快、点火能量低、氢脆等特点，决定了氢燃料电池电动汽车具有更为复杂的安全性问题。在氢燃料电池电动汽车的日常使用以及维护保养方面更需要充分考虑氢电安全本质，为专业技术人员提供切实可行的服务体系依据、维护保养的指导方法及安全要求。

本章是针对目前燃料电池汽车发展初期，整个产业链尚未成熟，产品质量和安全风险相对较高，对氢燃料电池汽车维护保养提出场地等要求，解决维护保障人员进行维护作业时场地安全和操作关注要点，并提出维修实训，明确氢燃料电池汽车维护保养目的要求、使用工具以及实际操作步骤，为维护保障人员提供全面、切实可行的维护保养借鉴。

12.1 氢燃料电池汽车维护保养的安全要求

对氢燃料电池汽车进行的维护保养应符合 GB/T 24549—2020《燃料电池电动汽车 安全要求》[1] 及 GB 38900—2020《机动车安全技术检验项目和方法》[2] 中的规定。

12.1.1 场地安全要求

鉴于目前国家将氢气列为危化品，对涉氢作业提出了相关要求，因此能够确保安全距离的维护保养场所（如专用设施、专用停车场地等）。

车载氢系统的检验作业应在专用厂房内划定的车位（建议车位面积应不小于汽车最大外廓尺寸之外每边另加 1.5m 的距离）上进行。经检测确认无氢气泄漏的氢燃料电池交通工具可在非专用厂房内进行常规检验作业。

氢燃料电池交通工具进厂检验前、检验完成后应停放在专用停车场地内。

需要进行卸压作业的氢燃料电池交通工具应停放在专用卸压区。专用卸压区应设在室外较空旷处，距离公共走道、行车道的边界不少于 7.5m，且专用卸压区上方应保持净空。

　　未经泄漏检查，或进厂维修被怀疑有泄漏但未经过泄漏检查的氢燃料电池汽车，以及氢气未排放或虽经氢气排放但未经惰性气体吹扫过的可能含有残余氢气的气瓶，作为一个潜在氢气释放源，在停放、作业或存储过程中可能发生泄漏，在其周边空间存在或可能存在大量爆炸性气体，形成危险区。具体的范围划定标准是：当氢燃料电池汽车进行停放、检验作业时，在户内，在车辆周边半径 1.5m 以内及车辆上部空间范围；在户外，在车辆周边半径 7.5m 以内及车辆上部空间范围[3]。

　　氢燃料电池汽车进入涉氢维保车间前，必须确保氢泄漏报警装置、火焰探测装置、强制通风和消防系统等均处于正常工作的状态。专用设施内的所有电气设备包括旋转电机、低压变压器、低压开关、灯具、插接装置、氢气报警器等（如有）应是防爆型的，所选产品应符合现行国家标准规定，防爆结构选型应按 GB 50058—2014《爆炸危险环境电力装置设计规范》第 5.2.2 条中的 2 区的范围选择，电气线路的设计和安装应符合第 5.4 条中 2 区的规定。

　　氢燃料电池汽车进行车辆维护保养时，应在符合安全防护要求的专用厂房内进行，厂房应通风良好，顶部不应有可能形成气体积聚的死角，通风装置供电系统的可靠性及开关安装位置应符合相关设计规范，其吸入口应设在维修车位范围内，通风设备及风管均应采取防静电接地措施，且不应采用容易积聚静电的绝缘材料，其排气口应在室外，方向不能正对着配电控制间和空气压缩机吸入口及人、车流动较频繁处，而应选择污染及危险最小处[4]。通风能力每辆车对应的通风量应不小于 500L/s，在系统通风的排气管道中的气体流速应不小于 5m/s。

　　在有氢气可能泄漏的场所应明示氢气、防火、防静电的标志，警示告知范例如图 12-1 和图 12-2 所示。标志及设置应符合 GB 13495.1—2015《消防安全标志第 1 部分：标志》[5] 和 GB 15630—1995《消防安全标志设置要求》[6] 的规定。

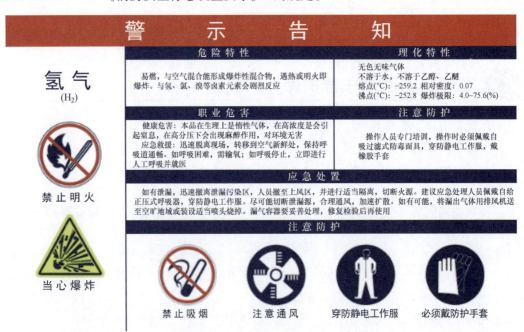

图 12-1　警示告知范例（一）

图 12-2　警示告知范例（二）

当车载氢系统动火维护保养前，应保证系统内部和动火区域的氢气体积分数在安全范围以内。维护保养设施应完好可靠，个人防护用品的穿戴应符合要求。禁止使用电炉、电钻、火炉、喷灯等一切产生明火、高温的工具与热物体。动火维护保养严禁使用铁质工具，应选用铜质工具。铜质工具介绍如图 12-3 所示。

铜质工具，也称"防爆工具"，制造材料选用铜合金材料。铜硬度低，质地较软，摩擦和撞击时有很好的退让性，不易剥离出微小金属颗粒；同时，铜有良好的导热性，摩擦或撞击时产生的热量被及时吸收和传导。因此铜合金的防爆工具就不易产生机械火花

图 12-3　铜质工具介绍

在厂区外 150m 内应有消火栓，如无，应备有灭火水源，水量不小于 10L/s。在危险区域附近应设置消防灭火器材，灭火器类型、配置数量应符合相关设计规范。灭火器设置的最大保护距离距爆炸危险区域应不大于 12m[7]。

12.1.2　一般安全要求

氢燃料电池汽车保养与维修的一般安全要求如下：

1）维修人员需穿戴防静电服、防静电鞋等，进行维修作业前，需进行人体静电导除，应使用防静电工具进行检修。

2）车辆停稳后，关闭整车高压电、整车 24V 低压电源的手动开关及氢供应手动阀。

3）在进行车辆维护保养前，应首先进行氢燃料电池电动汽车专用装置的密封性检查，如使用检漏液或便携式氢气检测仪进行检漏，要求无气泡，或等效氢气泄漏量小于 0.02NL/min。如有泄漏应先排除故障，在确认系统密封良好后再进行维护作业，如图 12-4 所示。

4）维修作业中应先进行涉及氢气使用的检查、维护等作业，应关闭气瓶截止阀并使管路内的氢气排尽。在车载氢系统排空作业前，应对车辆进行牢固的接地连接，再进行其他项目的维护。

5）当需要进行焊割等有明火的作业时，从事电焊、气割操作人员必须取得特种作业人员操作证后方可上岗操作。注意事项如下：

① 作业前应在符合安全防护要求的专用场地将氢气供气系统卸压，严禁带压作业，保证供气系统内无氢气。

② 对可拆卸的焊、割件，应拆下后迁移到指定安全地带，必须移去作业现场的危险物品。

③ 对确实无法拆卸的焊、割件，要把焊割的部位或设备与其他易燃易爆物质进行严密隔离，应拆掉蓄电池及重要总成的电控元件（图 12-5）。对于拆卸下的气瓶应放入专业库房妥善保管。

图 12-4　气密性检修

图 12-5　电控元件常见位置

④ 如对可燃气体的容器和管道进行焊、割时，需注入惰性气体（一般可采用氮气或其他惰性气体），把残存在里面的可燃气体置换出来。

6）如需在气瓶附近打磨或切割时，应先将其拆掉或有效隔离。应由具备认可资质的单位、人员从事气瓶维护与检测，严禁在气瓶上进行挖补、焊割等作业。

7）氢燃料电池汽车如检测出漏气，应立即关闭电源和气瓶截止阀，然后在专用场地进行处理。注意事项如下：

① 如果高压管路破裂或脱落导致气体大量泄漏而无法关闭气瓶截止阀时，应立即隔离气源，待氢气散尽再进行处理。

② 可参考根据气体的影响区域划定警戒区，无关人员从侧风、上风向撤离至安全区。

③ 建议应急处理人员戴正压自给式空气呼吸器，穿防静电服。

④ 尽可能切断泄漏源。

⑤ 喷雾状水抑制气体扩散或改变气体云流向。

⑥ 防止气体通过下水道、通风系统和密闭性空间扩散。

⑦ 若泄漏发生在室内，宜采用吸风系统或将泄漏的钢瓶移至室外，以避免氢气四处扩

散；隔离泄漏区直至气体散尽。

8）雷雨等恶劣天气禁止进行氢系统排空作业。

9）厂房内的报警系统如被触发，作业人员须立即停止相关工作，立即关闭电源和气瓶截止阀，并隔离现场；要立即采取有效的灭火和救援措施，待排除隐患后才能继续工作。

12.2　氢燃料电池汽车维护保养的一般要求

12.2.1　运行前检查

在启动车辆之前，应检查并确保车辆无明显外观上的损坏以及将引起氢燃料电池系统、车载氢系统危害的损伤，同时应避免出现外挂物造成车辆运行时的损坏。

12.2.2　定期检查

如调试完成，车辆长期停放未运行（周期以制造商要求为准），应定期对车辆进行检查，确保氢燃料电池系统工作至额定状态一段时间无故障。故障状态可参照 DB31/T 1313—2021《燃料电池汽车及加氢站公共数据采集技术规范》[8]，见表 12-1。同时应由具备认可资质的公司指派取得上岗资格证的专人对氢燃料电池系统、车载氢系统等部件进行检测。定期检查内容应按照制造商规定或参照附录 A。

表 12-1　故障状态分类

最高报警等级	警告等级所对应的故障情况
0	表示无故障
1	表示不影响车辆正常行驶的故障
2	表示影响车辆性能，需要驾驶员限制行驶的故障
3	表示驾驶员应立即停车处理或请求救援的故障

12.2.3　维护保养

氢燃料电池系统应在使用寿命期限之内定期进行维护保养，维护保养内容应按照制造商规定或参照附录 B。

车载氢系统所涉特种设备应按《特种设备安全法》[9]《特种设备安全监察条例》[10]和 TSG 23—2021《气瓶安全技术规程》[11]的要求在使用寿命期限之内进行维护保养，至少每月进行一次。对于氢系统所用的安全附件、安全保护装置及有关附属仪器仪表，应当进行定期校验、检修，并做出记录。

检查、维护保养一般包括以下内容：

1）检查规定的储氢瓶标志、外观涂层完好情况，定期检验有效期是否符合安全技术规范及其相关标准的规定。

2）检查储氢瓶附件是否齐全、有无损坏，是否超出设计使用年限或者检验有效期。

3）检查储氢瓶是否出现变形、异常响声、明显外观损伤等情况。

4）检查气体压力显示是否出现异常情况。

5）检查氢气管线有无损伤或干涉，阀件是否松动。

6）检查固定支架和紧固带是否松动、老化。

7）检查防护装置是否完好无变形。

8）使用单位认为需要进行检查的其他项目。

使用单位根据检查情况，对储氢瓶进行维护保养，并将维护保养情况记录到档案中。对车载氢系统管阀件进行维护作业时，应选择通风良好的地点，将管路内的氢气排空后再进行零部件的维护。维护保养内容应按照制造商规定或参照附录C。

12.2.4　氢燃料电池系统报废

对氢燃料电池系统进行报废处理时，应确保系统各涉氢部件内无氢气存在，系统压力降至标准大气压，并交由专业人员进行操作。

12.2.5　车载氢系统年检与报废

车载氢系统年检要求应与车辆定期年检要求同步。车载氢系统达到使用年限报废时，应先对车载氢系统进行气体置换（一般可采用氮气或其他惰性气体），确保车载氢系统各零部件无氢气存在后进行拆解并交由专业人员进行报废处理。

车载高压储氢瓶应按《特种设备安全法》《特种设备安全监察条例》，以及 TSG 23—2021《气瓶安全技术规程》的要求进行定期检验及报废。

12.2.6　数据记录保存管理

运营单位应对运营车辆定期检查、维护保养等运行数据信息进行实时记录与定期保存，并制定相应管理办法，通知相关工程师进行针对性的维护。

12.3　维修实训：氢燃料电池汽车的保养维护

12.3.1　目的要求

此实训的目的是掌握氢燃料电池汽车维护保养技能。

12.3.2　使用仪器、设备和工、量具

实训时应备妥一台经检验合格的氢燃料电池汽车，还要准备好常用工具、便携式氢气检测仪、气密性检测专用检漏液，以及可供调换且性能完好的相同型号阀件及阀类密封件、传感器、防冻液、去离子器、空滤滤芯等（更换前需跟氢燃料电池厂家确认各部件的厂家与型号）。

12.3.3　氢燃料电池汽车实训内容及步骤

1. 静态检查

1）电堆模块外观检查：检查氢燃料电池系统的电堆模块是否有破损、变形等，表面是否有划痕。

2）接口处检查：检查确认氢燃料电池系统冷却水阀门关闭，接口处无漏水、松动；氢气管路接头无杂物填塞，固定牢固可靠；电堆冷却水出入口管道接口无松动，无漏液；空气管路卡箍无松动，固定牢靠；CAN 线外置接插件连接正常，无松动；控制器 24V 低压线束连接正常；弱电连接线无空插头悬空，固定牢固；高低压电器部件接插件无松脱、线束固定牢靠、无磨损。

3）膨胀水箱水位检查：膨胀水箱水位需要保证在正常水位范围内，如果不足需要加入指定冷却液。

4）散热器检查：是否有异物堵塞，是否有损坏或变形，是否存在漏液。

5）氢系统外观（含管路）检查：是否出现永久性破损、裂痕等物理损伤。

2. 静态检测

氢气浓度检测：使用氢气检测仪检测加氢口、氢气阀门处、排气口处、储氢瓶及车顶、氢燃料电池系统氢管路处的氢泄漏情况；若有漏点则需在通风状态下开启氢气阀门寻找漏点处，并进行维修。

3. 上电、启动检测

进行氢燃料电池汽车低压上电，并启动氢燃料电池汽车，检查仪表显示氢气压力不为零（如有），检查仪表低压蓄电池电压（如有）显示是否正常。氢燃料电池系统启动后，检查仪表绝缘阻值，以及仪表盘或其他位置电导率是否发出警报（更换去离子器），仪表盘或其他位置膨胀水箱液位低信号警报（加注去离子冷却液），确认氢燃料电池系统是否运行正常。

12.3.4　氢燃料电池系统实训内容及步骤

针对氢燃料电池系统，需要进行如下检查但不局限以下几点（使用单位可检查认为需要进行额外检查的项目）：

1）检查氢燃料电池系统清洁情况。

2）检查氢燃料电池系统悬置情况。

3）检查高低压线束情况。

4）检测氢燃料电池系统绝缘是否合格。

5）检查氢燃料电池系统氢气路情况。

6）检查冷却水液位情况，补水箱如图 12-6 所示。

7）检查散热器情况。

8）检查空气过滤器滤芯情况。

9）检查紧固件和接插件情况。

10）检测去离子器情况。

11）检查冷却液过滤器情况。

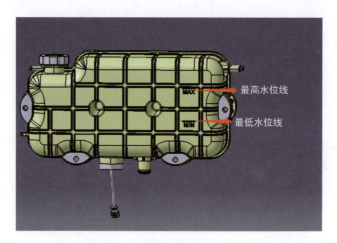

图 12-6　补水箱

12）检查氢燃料电池专用防冻液情况。

13）校准氢气浓度传感器。

14）检查氢循环泵情况（如有）。

15）检查空压机漏油情况（罗茨式空压机需要考虑，离心式空压机不需考虑）。

氢燃料电池系统维护、保养的具体操作方法应按照制造商规定或参照附录 D。

12.3.5　车载氢系统实训内容及步骤

针对车载氢系统，需要进行以下检查：

1）对加氢口进行气密/泄漏检查或更换密封件，视情况更换滤网、密封圈、垫片。

2）对限流阀进行密封件更换。

3）对储氢瓶瓶口阀进行气密/泄漏检查，拆检时视情况更换密封件。

4）对储氢瓶瓶尾阀 PRD 进行气密性和泄漏检查，拆检时视情况更换密封件。

5）对加注过滤器滤芯进行清洗或更换，日常通过加氢速度、加注压差判断是否堵塞，有问题即拆检并判断清洗还是更换，每次拆检后，视情况更换密封圈。

6）对加注过滤器进行密封圈更换。

7）对供气过滤器滤芯进行清洗或更换，日常通过加氢速度、加注压差判断是否堵塞，有问题即拆检并判断清洗还是更换，每次拆检后，视情况更换密封圈。

8）对供气过滤器密封圈进行更换。

9）对压力表进行气密/泄漏检查并进行定检，如损坏进行更换，如定检超期则通知客户进行计量定检。

10）对安全阀进行定检，如定检超期则通知客户进行计量定检。

11）对安全阀密封件进行更换。

12）放空针阀进行更换。

13）对中压压力传感器进行更换，如参数正常只做测漏检查。

14）对高压压力传感器进行密封圈更换或气密/泄漏检查，如参数正常只做测漏检查。

15）对减压阀动密封件进行更换，如压力调节正常只做测漏检查。

16）对减压阀静密封件进行更换，如压力调节正常只做测漏检查。

17）对氢气管路进行气密/泄漏检查，如损坏进行更换。检测方法如下：

① 车载氢系统氢泄漏检测：应逐只对加氢口、储氢瓶、瓶阀/PRD 端塞及高压和中压连接管路可能出现泄漏的部位进行检测。经检测发现有泄漏的部位，氢气体积分数浓度不得超过限值，见表 12-2。

表 12-2　车载氢系统氢气体积分数浓度限值

检测位置	对应体积浓度限值
储氢瓶	$\leq 100 \times 10^{-6}$
瓶阀/PRD 端塞	$\leq 100 \times 10^{-6}$
加氢口	$\leq 100 \times 10^{-6}$
高压管线及接头	$\leq 100 \times 10^{-6}$
中压管线及接头	$\leq 100 \times 10^{-6}$

② 检测方法：应使用氢气检测仪进行检测，氢气检测仪的最小检测浓度应不高于 10×10^{-6}。在氢气检测仪上安装探测头，探测头的端部密封形式和侧面开气孔如图 12-7 所示。在大气环境下，检测时应保持检测仪探头与被测部件表面的接触。将探头的端部轻轻接触被测部件的正上方，检测持续时间不少于 10s，读取氢气浓度值。

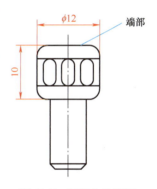

图 12-7　探测头示意图

③ 氢燃料电池系统氢泄漏检测：应对氢燃料电池系统进行氢泄漏检测，检测方法参考上述检测方法。经检测发现有泄漏的部位，氢气泄漏量不得大于 100×10^{-6}。

车载氢系统维护、保养的具体操作方法应按照制造商规定或参照附录 E。

12.4　交付要求

按相应项目的检验标准进行检测，完成后在《维修保养工作单》内填写意见和签名，参照附录 F。

参 考 文 献

［1］全国汽车标准化技术委员会. 燃料电池电动汽车 安全要求：GB/T 24549—2020［S］. 北京：中国标准出版社，2020.

［2］中华人民共和国交通部. 机动车安全技术检验项目和方法：GB 38900—2020［S］. 北京：中国标准出版社，2020.

［3］中国寰球工程公司. 爆炸危险环境电力装置设计规范：GB 50058—2014［S］. 北京：中国计划出版社，2014.

［4］中华人民共和国住房和城乡建设部. 民用建筑供暖通风与空气调节设计规范：GB 50736—2012［S］. 北京：中国建筑工业出版社，2012.

［5］全国消防标准化技术委员会基础标准分技术委员会. 消防安全标志 第 1 部分：标志：GB13495. 1—2015［S］. 北京：中国标准出版社，2015.

［6］全国消防标准化技术委员会. 消防安全标志设置要求：GB 15630—1995［S］. 北京：中国标准出版社，2004.

［7］中华人民共和国公安部. 建筑灭火器配置设计规范：GB 50140—2005［S］. 北京：中国计划出版社，2005.

［8］上海市新能源汽车及应用标准化技术委员会. 燃料电池汽车及加氢站公共数据采集技术规范：DB31/T 1313—2021［S］. 北京：中国标准出版社，2021.

［9］全国人民代表大会常务委员会. 中华人民共和国特种设备安全法［M］. 北京：法律出版社，2013.

［10］中华人民共和国国务院. 特种设备安全监察条例［M］. 北京：中国标准出版社，2009.

［11］国家市场监督管理总局特种设备安全与节能技术委员会. 气瓶安全技术规程：TSG 23—2021［S］. 北京：新华出版社，2021.

附 录

附录 A 氢燃料电池车辆日检内容

氢燃料电池车辆长期停放，应对车辆进行定期检查（周期以制造商要求为准），定期检查内容见表 A。

表 A 定期检查内容

氢燃料电池汽车定期检查表				
检查人			检查日期	
产品型号	（燃料电池系统）	（氢系统）	行驶里程	
序号	检查项目及内容		检查结果	处理结果
1	静态检查			
1.1	电堆模块外观检查			
1.2	接口处检查，如接插件是否牢固、水口是否漏水等			
1.3	膨胀水箱液位检查			
1.4	散热器检查是否有异物堵塞等			
1.5	燃料电池及冷却管路无漏水现象检查			
1.6	氢系统外观（含管路）检查			
2	静态检测			
2.1	氢泄漏检测1：加氢口			
2.2	氢泄漏检测2：氢气阀			
2.3	氢泄漏检测3：排气口			
2.4	氢泄漏检测4：储氢瓶及车顶氢管路			
2.5	氢泄漏检测5：燃料电池系统涉氢管路			

（续）

序号	检查项目及内容	检查结果	处理结果
3	上电、启动检测		
3.1	仪表氢气压力（不为零）（如有）		
3.2	仪表低压蓄电池电压（如有）		
3.3	仪表正常，无报警信号		
3.4	仪表绝缘阻值（燃料电池启动）		
3.5	仪表盘或其他位置（膨胀水箱液位报警）		
3.6	仪表盘或其他位置（电导率报警）		
3.7	燃料电池运行正常		

注：针对长期停放（周期以制造商要求为准）未运行车辆，如进行 1 月/次（周期以制造商要求为准）的例行检查。

附录 B 燃料电池系统定期维护保养内容

燃料电池系统定期维护保养项目及周期见表 B。

表 B 燃料电池系统定期维护保养项目及周期示例

保养内容	保养操作	2500~3000km（首保）	每 5000km（A 保）	每 20000km（B 保）	每 40000km（C 保）
1. 燃料电池系统清洁情况	检查	★	★	★	★
2. 系统悬置变形情况	检查	★	★	★	★
3. 高低压线束是否有皲裂和松动	检查	★	★	★	★
4. 系统绝缘是否合格	检测	★	★	★	★
5. 车载氢系统及管路泄漏	检测	★	★	★	★
6. 燃料电池专用防冻液（低于液位下线（min 线）时应当及时补充防冻液，且不高于液位上线（max 线））	补充	★	★	★	★
7. 散热器情况	清洁	★	★	★	★
8. 空滤滤芯	更换	★	★	★	★
9. 检查紧固件是否松动并进行力矩复核	复核	★	★	★	★
10. 氢气浓度传感器	检查	★	★	★	★
11. 氢循环泵漏油、腐蚀情况（如有）	检查	★	★	★	★
12. 空压机漏油情况	检查	★	★	★	★
13. 冷却液过滤器	清洁				★

（续）

保养内容	保养操作	2500~3000km（首保）	每5000km（A保）	每20000km（B保）	每40000km（C保）
14. 燃料电池专用防冻液	更换				★
15. 去离子器	更换				★

注：1. 维护间隔时间先到为准，维护间隔时间是基于平均输出功率为50%额定功率的循环工况。
　　2. 空滤滤芯、去离子器和防冻液的更换周期应根据运营地区具体情况进行调整。
　　3. 燃料电池专用防冻液应具备检验合格证书，并使用专用容器回收储存并交由有资质的专业公司处理。

附录 C　车载氢系统定期维护保养内容

车载氢系统定期维护保养内容及周期见表C。

表 C　车载氢系统定期维护保养内容

序号	零部件名称	维保内容	维护周期	维保项目标准
1	加氢口	气密性和泄漏检查	每1年或20000km	气密性良好，无泄漏
		更换密封件	每3年或60000km	损坏及按维护周期（拆检后）视情况更换滤网、密封圈、垫片，此外视情况整体更换
2	限流阀密封件	更换密封件	每3年或60000km	损坏、按维护周期视情况更换
3	储氢瓶瓶口阀	气密/泄漏检查	每3年或60000km	损坏、按维护周期、拆检时视情况更换密封圈
		更换密封件	每3年或60000km	
4	储氢瓶瓶尾阀PRD	气密/泄漏检查	每3年或60000km	损坏建议更换，正常只做泄漏检测
		更换密封件	每3年或60000km	损坏、按维护周期、拆检时视情况更换密封圈
5	加注过滤器滤芯	清洗或更换	每5000km检查	日常通过加氢速度、加注压差判断是否堵塞，有问题即拆检并判断清洗还是更换，每次拆检后，视情况更换密封圈
6	加注过滤器密封圈	更换密封件	每3年或60000km	
7	供气过滤器滤芯	清洗或更换	每5000km检查	日常通过加氢速度、加注压差判断是否堵塞，有问题即拆检并判断清洗还是更换，每次拆检后，视情况更换密封圈
8	供气过滤器密封圈	更换密封件	每3年或60000km	
9	压力表	气密/泄漏检查	每5000km检查	损坏建议更换，参数正常只做测漏检查
		定检	根据国标每半年一次	客户与计量院协调定检

（续）

序号	零部件名称	维保内容	维护周期	维保项目标准
10	安全阀	定检	每 1 年一次	客户与特检协调定检
11	安全阀密封件	更换密封件	每 3 年或 60000km	损坏、按维护周期视情况更换
12	放空针阀	更换	每 1 年或 20000km	损坏、按维护周期视情况更换
13	中压压力传感器	更换	每 3 年或 60000km	损坏建议更换，参数正常只做测漏检查
14	高压压力传感器	更换密封圈	每 3 年或 60000km	损坏建议更换，参数正常只做测漏检查
		气密/泄漏检查	每 1 年或 20000km	
15	减压阀动密封件	更换密封件	每 1 年或 20000km	损坏建议更换，压力调节正常只做测漏检查
16	减压阀静密封件	更换密封件	每 3 年或 60000km	

附录 D 燃料电池系统维护保养的具体操作方法

表 D 燃料电池系统维护、保养的具体操作方法

序号	维保项目	维保类别	具体操作方法	备注
1	系统清洁	清理	用气枪或吸尘器进行清扫除异物	清理干净无异物
2	系统悬置的机械结构	检查	检查燃料电池系统悬置的机械结构是否变形	发现有异常及时反馈
3	高低压电气部件	检查	检查高低压接插件是否有松脱、线束固定是否牢靠、是否有磨损	发现有异常及时反馈
4	系统绝缘	检测	燃料电池系统正负极分别对外壳进行绝缘测试	系统绝缘电阻≥500Ω/V
5	系统氢气路	检漏	系统上电，通过系统控制通入氢气，手持测量仪检漏	检漏仪没有显示氢气泄漏
6	冷却水液位	检查	目测水箱液位应在最低和最高水位之间	低于液位下线（min 线）时，及时补充防冻液，不高于液位上线（max 线）
7	散热器	检查、清洁	1）确认车辆处于停车状态，燃料电池系统处于停机状态，整车未上高低压电 2）拆卸散热器表面上的引风罩以及电子扇 3）使用高压水枪，清洗散热器表面，将沉积在散热器翅片上的灰尘、柳絮、树叶等异物清洗干净	发现有异常及时反馈

（续）

序号	维保项目	维保类别	具体操作方法	备注
7	散热器	检查、清洁	4）使用高压空气，将散热器翅片吹干 5）清理防护网内部的树枝、树叶等异物，并使用高压空气吹扫电子风扇扇叶、电机凹槽处，清理沉积的灰尘 6）重新将引风罩及电子扇安装于散热器上	发现有异常及时反馈
8	空气过滤器滤芯	吹扫除灰、更换	1）松开空气过滤器上的四个金属搭扣 2）取出空气过滤器的滤芯，清洁或更换新的滤芯	建议按照制造商规定或参照表B
9	固定点和接插件	排查	是否松动并进行力矩复核	建议按照制造商规定或参照表B
10	去离子器	更换	1）将系统内的冷却液放掉 2）松开去离子器两端安装支架 3）将去离子器拆下后换上新的去离子器 4）重新安装去离子器两端支架 5）重新注满冷却液	建议按照制造商规定或参照表B
11	冷却液过滤器	清洗	1）确认车辆处于停车状态，燃料电池系统处于停机状态，整车未上高低压电 2）放空防冻液并回收，拆下冷却液过滤器，使用高压水枪冲洗过滤网，把过滤的杂物清洗干净 3）重新安装冷却液过滤器，把回收的防冻液再次加注到散热器内	建议定期检查，按照制造商规定或参照表B
12	燃料电池专用防冻液	更换	1）将系统内的冷却液放掉 2）重新注入冷却液	建议按照制造商规定或参照表B
13	氢气浓度传感器	校准	检查ECU反馈信号	发现有异常及时反馈
14	氢循环泵（如有）	检查	是否循环泵漏油、腐蚀	发现有异常及时反馈
15	空压机	检查	是否漏油（罗茨式空压机需要考虑，离心式空压机不需考虑）	发现有异常及时反馈

附录 E　车载氢系统维护保养的具体操作方法

表 E-1　一级维护保养作业内容

保养项目	维护等级 维护周期	保养内容	作业方法	技术要求
瓶阀	一级维护 季度维护	1）清洁外观 2）检测是否有泄漏点	1）用清水清洗外观，然后用无纺布擦干 2）使用手持氢检漏仪进行检查是否泄漏	1）目测外观是否有明显异物 2）泄漏标准范围单点泄漏值参照制造商标准

（续）

保养项目	维护等级 维护周期	保养内容	作业方法	技术要求
瓶阀	一级维护 季度维护	3) 检测电磁阀开启关闭状态是否正常 4) 检测温度传感器环境下的电阻值是否正常	3) 使用可调式电源检测电磁阀开启关闭状态 4) 使用万用表电阻档检测电阻值	3) 可调式移动电源调至电磁阀工作电压范围 4) 环境温度中对应的电阻值（见出厂资料）
储氢瓶及固定检查	一级维护 月度维护	1) 气瓶外表是否有划痕，磕碰痕迹 2) 气瓶与气瓶支架间的固定是否牢靠，橡胶保护垫是否完好	1) 目测如有发现有划痕或磕碰，需用专业工具探测划痕深度、面积 2) 首先目测固定螺栓是否完好，然后使用扭力扳手检测固定螺栓紧固力矩	1) 划痕、磕碰伤深度≤0.25mm，否则停止使用返厂 2) M10 紧固螺栓紧固力矩（35±1）N·m 3) 气瓶与固定座之间橡胶垫无老化 注意：气瓶在使用寿命期内，3 年检验一次
加注口泄漏测试	一级维护 月度维护	1) 外观清洁 2) 加注口防护罩是否完好 3) 检测泄漏 4) 查看密封圈是否老化和受损	1) 用无纺布净水清洗然后擦干 2) 目测检查 3) 使用手持式氢检漏仪检测是否泄漏 4) 使用便携式显微镜检测	1) 无明显异物 2) 如有损坏实施更换 3) 泄漏标准范围单点泄漏值参照制造商标准 4) 表面有损伤、变形等实施更换
压力表	一级维护 月度维护	1) 外观 2) 压力表是否有偏差、波动是否正常	1) 用无纺布净水清洗然后擦干 2) 充气目测检查	1) 保持表盘上的玻璃清晰明亮，表针指示压力值清楚易见 2) 指针指示值与压力传感器显示值偏差±5%
单向阀	一级维护 月度维护	1) 是否有泄漏 2) 管路连接卡套是否完好	1) 使用手持式氢检漏仪检测是否泄漏 2) 使用扳手检测卡套是否松动。	1) 泄漏标准范围单点泄漏值参照制造商标准 2) 如有松动，紧固卡套或更换管件
卸荷阀	一级维护 月度维护	1) 是否有泄漏 2) 管路连接卡套是否完好	1) 使用手持式氢检漏仪检测是否泄漏 2) 使用扳手检测卡套是否松动	1) 泄漏标准范围单点泄漏值参照制造商标准 2) 如有松动，紧固卡套或更换管件
过滤器	一级维护 季度维护	1) 是否有泄漏 2) 管路连接卡套是否有松动	1) 使用手持式氢检漏仪检测过滤器本体及接口处泄漏情况 2) 使用扳手检测检测卡套是否松动	1) 泄漏标准范围单点泄漏值参照制造商标准 2) 如有松动，紧固卡套或更换管件
减压阀	一级维护 月度维护	1) 外观清洁 2) 检查泄漏 3) 静态出口压力值	1) 用无纺布净水清洗然后擦干 2) 使用手持式氢检漏仪检测本体 3) 连接管路卡套连接处泄漏情况 4) 通气状态下查看静态出口压力是否在设计规定范围值内	1) 无明显异物 2) 泄漏标准范围单点泄漏值参照制造商标准 3) 如有松动，紧固卡套或更换管件。 4) 见产品说明书

（续）

保养项目	维护等级 维护周期	保养内容	作业方法	技术要求
电磁总阀	一级维护 月度维护	1）外观清洁 2）检查泄漏	1）用无纺布净水清洗然后擦干 2）使用手持式氢检漏仪检测本体和连接管路卡套连接处泄漏情况	1）无明显异物 2）泄漏标准范围单点泄漏值参照制造商标准 3）如有松动，紧固卡套或更换管件
连接管路	一级维护 月度维护	检查泄漏	使用手持式氢检漏仪检测本体和连接管路卡套连接处泄漏情况	1）泄漏标准范围单点泄漏值参照制造商标准 2）如果管接件有泄漏问题，更换部件
线束	一级维护 月度维护	检测线束外层保护	目测	外观破损及时防护，严重的进行更换

表 E-2　二级维护保养作业内容

保养项目	维护等级 维护周期	保养内容	作业方法	技术要求
瓶阀	二级维护 年度维护	1）清洁外观 2）检测是否有泄漏点 3）检测电磁阀开启关闭状态是否正常 4）检测温度传感器环境下的电阻值是否正常	1）用清水清洗外观，然后用无纺布擦干 2）使用手持氢检漏仪进行检查是否泄漏 3）使用可调式电源检测电磁阀开启关闭状态 4）使用万用表电阻档检测电阻值	1）目测外观是否有明显异物 2）泄漏标准范围单点泄漏值参照制造商标准 3）使用可调式移动电源调至电磁阀工作电压范围 4）环境温度中对应的电阻值（见出厂资料）
储氢瓶及固定检查	二级维护 年度维护	1）外观检查有无划痕，外观清洁气瓶外表是否有划痕、磕碰痕迹 2）气瓶与气瓶支架间的固定是否牢靠，橡胶保护垫是否完好	1）目测如发现有划痕或磕碰，需用专业工具测量划痕深度 2）首先目测固定螺栓是否完好，然后使用扭力扳手检测固定螺栓紧固力矩	1）划痕、磕碰伤深度≤0.25mm，否则停止使用返厂 2）M10 紧固螺栓紧固力矩（35±1）N·m 3）气瓶与固定座之间橡胶垫无老化 注意：气瓶在使用寿命期内，3 年检验一次
加注口泄漏测试	二级维护 年度维护	1）外观清洁 2）加注口防护罩是否完好 3）检测泄漏 4）查看密封圈是否老化	1）用无纺布净水清洗然后擦干 2）目测检查 3）使用手持式氢检漏仪检测是否泄漏 4）使用便携式显微镜检测	1）无明显异物 2）如有损坏实施更换 3）泄漏标准范围单点泄漏值参照制造商标准 4）表面如有损伤、变形等实施更换
压力表	二级维护 半年维护	1）外观 2）压力表是否有偏差、波动是否正常	1）用无纺布净水清洗然后擦干 2）充气目测检测	1）保持表盘上的玻璃清晰明亮，表针指示压力值清楚见 2）指针指示值与压力传感器显示值偏差±5%

（续）

保养项目	维护等级 维护周期	保养内容	作业方法	技术要求
单向阀	二级维护 年度维护	1）单向阀本体是否有泄漏 2）管路连接卡套是否完好	1）使用手持式氢检漏仪检测是否泄漏 2）使用扳手检测卡套是否松动	1）泄漏标准范围单点泄漏值参照制造商标准 2）如有松动，紧固卡套或更换管件
尾阀	二级维护 年度维护	1）尾阀是否有泄漏、管路连接卡套是否完好 2）外观清洁	使用手持式氢检漏仪检测尾阀接口处泄漏情况，用扳手锁紧	1）泄漏标准范围单点泄漏值参照制造商标准 2）如有松动，紧固卡套或更换管件
卸荷阀	二级维护 半年维护	1）卸荷阀本体是否有泄漏、管路连接卡套是否完好 2）外观清洁	使用手持式氢检漏仪检测尾阀接口处泄漏情况	1）泄漏标准范围单点泄漏值参照制造商标准 2）如有松动，紧固卡套或更换管件
过滤器	二级维护 半年维护	1）外观清洁 2）是否有泄漏 3）管路连接卡套是否有松动	1）使用手持式氢检漏仪检测过滤器本体及接口处泄漏情况 2）使用扳手检测卡套是否松动	1）泄漏标准范围单点泄漏值参照制造商标准 2）如有松动，紧固卡套或更换管件
放空快插泄漏测试	二级维护 年度维护	1）外观清洁 2）是否有泄漏 3）管路连接卡套是否完好	1）使用手持式氢检漏仪检测过滤器本体及接口处泄漏情况 2）使用扳手检测卡套是否松动	1）泄漏标准范围单点泄漏值参照制造商标准 2）如有松动，紧固卡套或更换管件
减压阀	二级维护 半年维护	1）外观清洁 2）检查泄漏 3）静态出口压力值 4）动态出口压力值	1）用无纺布净水清洗然后擦干 2）使用手持式氢检漏仪检测本体和连接管路卡套连接处泄漏情况 3）通气状态下查看静态出口压力是否在设计规定范围值内	1）无明显异物 2）泄漏标准范围单点泄漏值参照制造商标准 3）如有松动，紧固卡套或更换管件 4）见产品说明书
电磁总阀	二级维护 半年维护	1）外观清洁 2）检查泄漏 3）电磁阀启闭是否正常	1）用无纺布净水清洗然后擦干 2）使用手持式氢检漏仪检测本体和连接管路卡套连接处泄漏情况 3）使用可调式电源检测电磁阀开启关闭状态	1）无明显异物 2）泄漏标准范围单点泄漏值参照制造商标准 3）如有松动，紧固卡套或更换管件 4）可调式移动电源调至电磁阀工作电压范围 注意：连续10次开启关闭状态
连接管路	二级维护 半年维护	检查泄漏	使用手持式氢检漏仪检测本体和连接管路卡套连接处泄漏情况	1）泄漏标准范围单点泄漏值参照制造商标准 2）如有松动，紧固卡套 $\left(紧 1\frac{1}{4}圈\right)$ 或更换卡套

注：车载供氢系统若闲置时间超过3个月（周期以制造商要求为准），启动前需做一次氢系统检查作业，保证系统无故障状态运行，具体检测内容请参照一级维护保养作业内容。

附录 F　维护保养工作单

表 F　维护保养工作单（样表）

检查人：		联系电话：	
车牌号：		产品型号：（燃料电池系统和氢系统）	
车型：		行驶里程：	
接车时间：		交车时间：	
委托事项：			

维护/保养项目	序号	维修名称	维修种类	负责人

维修及零件明细	序号	零件名称	维修种类	数量

维护/保养情况	
	维保人员：
二次检查情况	
	质检员：